DIE WILHELMA

Markus Heffner · Harald Löffler

DIE WILHELMA

Markus Heffner · Harald Löffler

Bildnachweis: Alle Fotos von Harald Löffler mit Ausnahme der einfarbigen Abbildungen auf den Seiten 200 sowie 202–205 (© Wilhelma-Archiv).

Die Deutsche Nationalbibliothek verzeichnet diese Publikation in der Deutschen Nationalbibliografie; detaillierte bibliografische Daten sind im Internet über http://dnb.d-nb.de abrufbar.

Der Theiss Verlag ist ein Imprint der WBG

Die Herausgabe des Werkes wurde durch die Vereinsmitglieder der WBG ermöglicht.
Gestaltung und Satz: DOPPELPUNKT, Stuttgart
Einbandabbildung: Impressionen aus der Wilhelma © Harald Löffler/Eye of the Tiger
Einbandgestaltung: Stefan Schmid Design, Stuttgart
Gedruckt auf säurefreiem und alterungsbeständigem Papier
Printed in Germany

Besuchen Sie uns im Internet: www.wbg-wissenverbindet.de

ISBN 978-3-8062-2672-0

GELEITWORT

Die Wilhelma ist mit jährlich über zwei Millionen Besuchern die mit Abstand meistbesuchte öffentliche Einrichtung in Stuttgart. Markus Heffner und Harald Löffler verstehen es vortrefflich, in Wort und Bild die Schönheiten der Wilhelma so abzubilden, dass bei der Lektüre des Buches unweigerlich der Wunsch entsteht, die Wilhelma bei nächster Gelegenheit aufzusuchen. Besonders spannend ist es zu erfahren, wer die Pflanzen- und Tierpfleger sind und wie sie ihre Arbeit verrichten. Der Botanisch-Zoologische Garten bietet eine wunderschöne Kombination in einem historischen Umfeld, das seinesgleichen sucht. Dabei waren die Voraussetzungen für die Wilhelma am Anfang gar nicht so rosig.

Der Zweite Weltkrieg hatte dem historischen Anwesen des Königs mächtig zugesetzt. Die Mehrzahl der Gebäude, mit Ausnahme der Damaszenerhalle, war stark beschädigt oder zerstört. Umso mehr Mut gehörte dazu, sowohl die Wilhelma als historische Anlage wieder herzurichten als auch eine Nutzung zu finden, die aus heutiger Sicht nicht mehr wegzudenken ist.

Getragen wird die Wilhelma vom Land Baden-Württemberg. Begleitet wird sie durch den Verein der Freunde und Förderer, der im Jahr 1956 gegründet wurde. Aus kleinen Anfängen ist der Verein zu einem nicht mehr wegzudenkenden Partner für die Wilhelma herangewachsen, der durch seine über 28 000 Mitglieder in der Lage ist, selbst so große Projekte wie das Affenhaus mit 9,5 Millionen Euro mitzufinanzieren. Diese Förderung des Affenhauses ist mehr, als in der 50-jährigen Vereinsgeschichte zusammen an Mitteln in die Wilhelma geflossen sind. Die Projekte waren zahlreich – um nur einige zu nennen: Jungtieraufzuchthaus, Eisbärenanlage, Amazonienhaus und zuletzt die Krokodilhalle.

Durch den Verein der Freunde und Förderer wurde auch der Bau der Kinderturnwelt in der Wilhelma angestoßen. Denn die Erkenntnis, dass Kinder im Zoo vor allem den Kinderspielplatz lieben und schätzen, hat dazu geführt, dass man im Umfeld von den Tieren ein Spielplatzkonzept umgesetzt hat, das sich an die Bewegung der Tierwelt anlehnt. Wie man täglich sehen kann, ein riesengroßer Erfolg bei relativ überschaubarem Mitteleinsatz.

Doch auch für die Zukunft gibt es für uns als Verein noch gewaltige Herausforderungen, denn »das Bessere ist des Guten Feind« und in der Wilhelma gibt es manches Gebäude, das nicht mehr zeitgemäß oder von den Besuchern als nicht mehr attraktiv empfunden wird.

Wir haben uns deshalb als nächstes Projekt die Realisierung einer neuen Elefantenanlage vorgenommen, in der das Wappentier des Vereins und der Wilhelma so untergebracht wird, dass eine attraktive Haltung und Aufzucht von Elefanten auch in der Wilhelma stattfinden kann.

Ein weiterer Wunsch ist der Versuch, die Wilhelma bis an den Neckar heranzuführen, der sich durch den Bau des Rosensteintunnels als Chance eröffnet. Wie schön wäre es, wenn die Flusspferde, die sonst anderen Gehegen weichen müssen, direkt am Neckar baden könnten.

All dies wird nur möglich sein, wenn der Verein durch seine Mitglieder starke Unterstützung und Zuspruch erfährt. Der Zoologisch-Botanische Garten der Wilhelma und seine vielen Besucher werden es danken.

Prof. Georg Fundel
im Mai 2013

VORWORT

Bitte noch mal genau so – und dabei auch noch in die Kamera schauen! Nicht alle Tiere in diesem Buch haben es natürlich allzu genau mit dieser Regieanweisung genommen.

Um Mensch und Tier unter oft nicht ganz einfachen Bedingungen in Szene zu setzen, braucht es viel Geduld und noch mehr Erfahrung, Einfallsreichtum und Improvisationstalent. Dass letztlich auch die komplizierten und kamerascheuen Kandidaten mitgespielt und sich von ihrer besten Seite gezeigt haben, wie etwa Leopardenkater Aman, Ameisenbärin Daniela, Gorillafrau Undi oder Giraffenmann Hank, ist nicht zuletzt auch den erfahrenen Pflegerinnen und Pflegern der Wilhelma zu verdanken. Sie sind mit ihren Tieren bestens vertraut und haben sich bei allen Shootings viel Zeit genommen und auch die nötige Ruhe mitgebracht.

Das spektakulärste Bild ist bei der Fütterung des weißen Krokodilweibchens Tong entstanden, dem von seinem Pfleger »Crocodile Harry« in jahrelanger Arbeit antrainiert wurde, aus dem Wasser zu springen. Daneben sind es vor allem die besonders innigen und vertrauten Momente, die viel über die Beziehung zwischen Mensch und Tier aussagen und in diesem Buch gezeigt werden sollen. Ein Zoo wie die Wilhelma ist immer auch Bühne, auf der Geschichten erzählt werden. Hauptdarsteller sind die Tiere und ihre Pfleger, die sich in der Wilhelma auf Augenhöhe begegnen, die sich und ihre Eigenheiten oft schon viele Jahre lang kennen.

Aber nicht nur über die Tiere und ihre Pfleger, auch über die vielen botanischen Besonderheiten in der Wilhelma und die zuständigen Gärtner lassen sich unzählige interessante Geschichten erzählen. Über den imposanten Goldkugelkaktus beispielsweise, der zwei Jahre lang ohne Wasser auskommen kann, über die raffinierten Kannenpflanzen, die mit einer ausgeklügelten Rutschfalle Insekten aller Art ins Verderben locken, über die exotischen Kamelien und Azaleen, die teilweise noch unter König Wilhelm I. gepflanzt wurden oder über die berauschenden Magnolien, die nur kurz blühen, dafür aber intensiv – ein Feuerwerk in Rot und Weiß.

Fotografiert worden sind die vielen besonderen Momente in der Wilhelma von **Harald Löffler**, der sich vor allem mit seinen mehrfach ausgezeichneten Raubkatzen-Fotos einen Namen gemacht hat. Seine große Leidenschaft sind vor allem Tiger, für deren Erhaltung in freier Wildbahn er sich seit vielen Jahren engagiert. Stundenlang auf die Lauer legt sich der Berufsfotograf und überzeugte Naturschützer aber auch gerne für alle anderen größeren Säugetiere, genauso faszinieren ihn Vögel und Schlangen. Zudem gehört auch die Landschaftsfotografie – bevorzugt im Panoramaformat – zu seinen beruflichen Betätigungsfeldern.

Die Geschichten aufgeschrieben hat **Markus Heffner**, möglichst genau so, wie sie von den Tierpflegern, Gärtnern, Kuratoren, Handwerkern, Technikern, Botanikern, Tierärzten und auch von Zoodirektor Dieter Jauch selbst erzählt worden sind. Der Journalist hat in den vergangenen Jahren mehrere Bücher geschrieben, darunter auch drei Kinderbücher über die Wilhelma. Mit seinen eigenen beiden Kindern ist er häufiger Besucher des Tiergartens, für die Arbeit an dem Buch sind ihm nun auch viele Einblicke hinter die Kulissen gewährt worden. So hat der Futtermeister Klaus-Dieter Strauß bereitwillig die Türen zu den Kühlräumen geöffnet, der Technikchef Harald Meyer hat erklärt, wie Tiere und Pflanzen bei einem Stromausfall überleben, der Tierarzt Tobias Knauf-Witzens hat die Kunst des Blasrohrschießens vorgeführt und der Zooinspektor Thomas Seitz hat sich die Zeit genommen, auch die entlegensten Winkel zu zeigen. Ihnen und allen anderen Beteiligten, die das Buch durch ihren Einsatz und ihr Engagement ermöglicht haben, sei hiermit ausdrücklich und von ganzem Herzen gedankt.

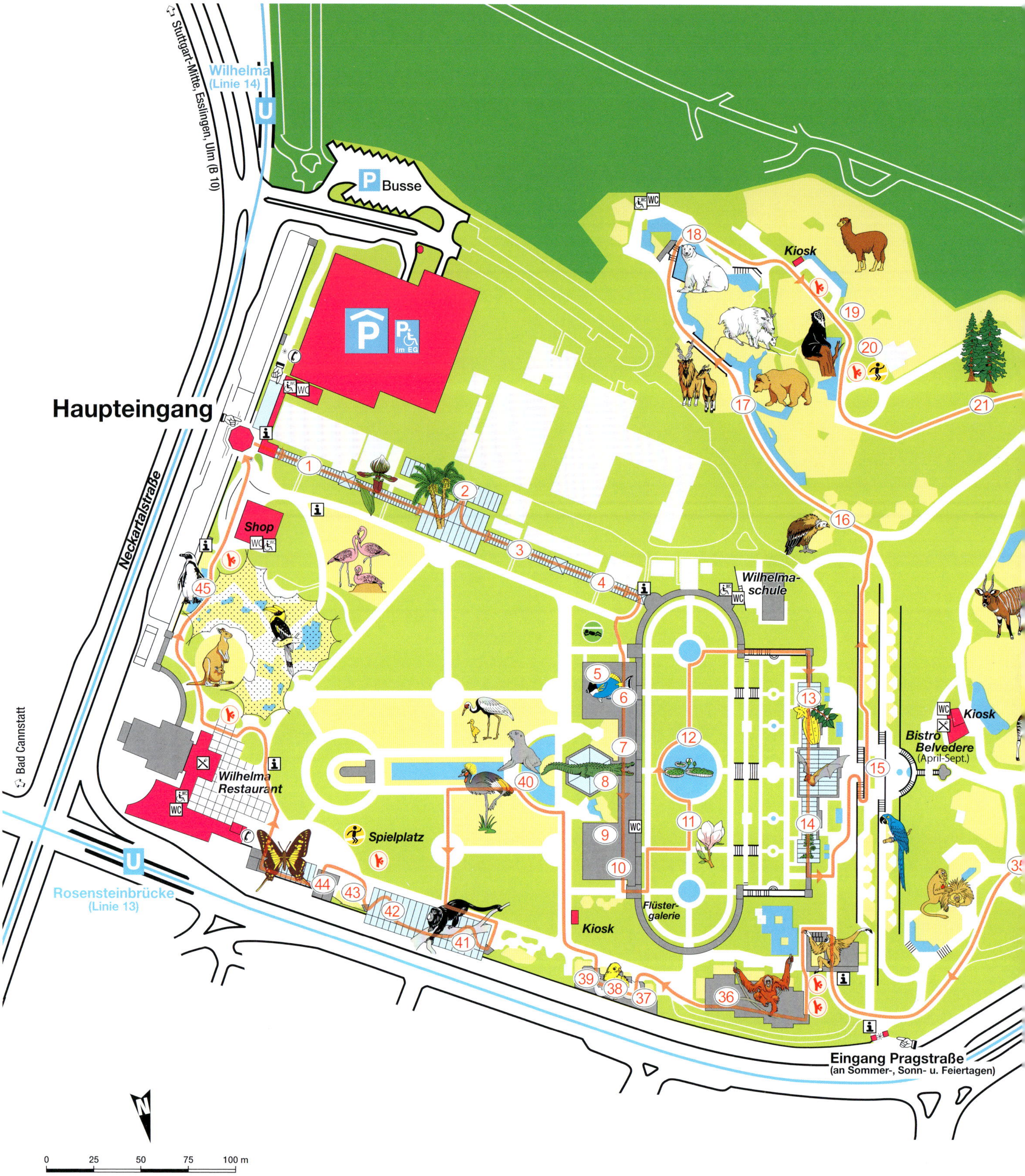

„Rundweg“ durch dieses Buch

Kartografie/Grafik:
Dipl.-Ing. (FH) Michael Welsch,
www.Wegweiser-online.de

Illustration:
Dipl. Grafikerin Jutta Sailer-Paysan, Stuttgart

Adaption:
Dipl.-Inform. Harald Löffler / Eye of the Tiger

- Dienstleistungsgebäude
- Betriebsgebäude (nicht öffentl.)
- Häuser (öffentlich)
- Übersichtsplan Wilhelma
- Gaststätte
- Toiletten
- Toiletten, rollstuhlgerecht
- Telefon
- Stationen Kinder
- Spiel-Stationen
- Liegewiese
- Drehkreuz, Ausg.

sensteinpark
Eingang Rosensteinpark
Kiosk
Restaurant am Schaubauernhof
Eisstand
WC
Rosensteinpark
(Linie 13)
Karlsruhe, Heilbronn, Mannheim (B 10)
Pragstraße
kenstraße
inie 13)
22
23
24
25
26
27
28
29
30
31
32

t

Der **Goldkugelkaktus** (Echinocactus grusonii) ist in den mexikanischen Staaten San Luis Potosí und Hidalgo beheimatet. Dort wächst die Pflanze auf steinig-mineralischem Substrat in trockenen Wiesengeländen und auf Geröllhalden. Die Kakteenart steht seit Jahren in der Roten Liste der Weltnaturschutzunion International Union for Conservation of Nature and Natural Resources (IUCN) als extrem gefährdet und ist auch im Washingtoner Artenschutzübereinkommen aufgeführt. Wildpflanzen unterliegen damit einem strikten internationalen Handelsverbot. Die Pflanzen in der Wilhelma sind zwischen 50 und über 100 Jahre alt. Die großen Exemplare haben ihren Standort beim Haupteingang im Kakteen- und Sukkulentenhaus. Im Kakteenkuppelhaus beim Maurischen Landhaus sind einige kleinere Pflanzen ausgestellt.

EIN LEBEN OHNE WASSER

Jürgen Rühle und die Goldkugelkakteen

Der Volksmund hat ihm einen einprägsamen Namen verliehen: Schwiegermuttersessel. Botanisch korrekt heißt die imposante Pflanze allerdings Echinocactus grusonii, auch Goldkugelkaktus genannt. Mit einem Durchmesser von bis zu 80 Zentimetern und 1,30 Metern Höhe kann er die Ausmaße eines Fasses erreichen, was ihm in seiner mexikanischen Heimat einen weiteren Spitznamen eingebracht hat: »Golden Barrel«, das goldene Fass. Wie alle Kakteen ist auch er ein echter Überlebenskünstler, der sich perfekt an die Bedingungen der kargen Trockengebiete Zentralmexikos angepasst hat. »Richtig pflegen muss man ihn natürlich trotzdem«, sagt Jürgen Rühle.

Der Gärtnermeister ist Spezialist für Sukkulenten, also Pflanzen wie Kakteen oder Wolfsmilchgewächse, die größere Mengen Wasser speichern und so lange Trockenzeiten überstehen können. Beim Goldkugelkaktus, 2008 zum Kaktus des Jahres gekürt, ist schon seine runde Form eine Anpassung an den Lebensraum. Sie ermöglicht das größtmögliche Speichervolumen bei kleinster Verdunstungsoberfläche, erklärt Rühle. Dazu hat der Kaktus ein ausgeklügeltes Konstruktionsprinzip entwickelt. Durch die Ausbildung von 30 Rippen und mehr ist es ihm möglich, flexibel auf Wassernachschub zu reagieren. Nimmt der Kaktus Feuchtigkeit auf, dehnt er sich wie eine Ziehharmonika, bei zunehmender Austrocknung zieht er sich zusammen. »So kann er bis zu zwei Jahre ohne Wasser überleben«, sagt Rühle, der sich seit mehr als 30 Jahren um die Botanik in der Wilhelma kümmert – vor und hinter den Kulissen.

Die Anzuchthäuser sind voll von Pflanzen, die mit Pinseln bestäubt, pikiert, gegossen, umgetopft und frei von Schädlingen wie Blattläusen gehalten werden müssen. Eine Arbeit, die viel Fingerspitzengefühl und Erfahrung braucht. Betrieben wird der Aufwand einerseits für die beachtliche Sammlung, die mit ihren seltenen Kakteen beitragen soll, Arten zu erhalten. Zudem werden mit den nachgezogenen Jungpflanzen Lücken in den Schauhäusern geschlossen. Der Schwiegermuttersessel gehört unter allen ausgestellten Pflanzen zu den beliebtesten Fotomotiven: Regelmäßig posieren Besucher vor der stattlichen Gruppe von Goldkugelkakteen, die mit ihren kräftigen gelben Dornen zu den schönsten ihrer Art zählen. Bis zu fünf Zentimeter lang sind die Dornen, die anstelle eines Blattes als wirkungsvoller Schutz gebildet werden – nicht vor Schwiegermüttern, sondern vor dem Austrocknen und durstigen Tieren.

DIE ENTDECKUNG DER LANGSAMKEIT

Susanne Finckh-Friedrich und die Zweifingerfaultiere

Langsamer geht es nicht. Wer Marlies und Mike dabei zuschaut, wie sie sich kopfüber durchs Geäst hangeln, fühlt sich wie in Superzeitlupe. Jede Bewegung der beiden Zweifingerfaultiere scheint mühsam und zögerlich zu sein, ein Leben im Schneckentempo. Ihren Ruf, das langsamste Säugetier auf dem Planeten zu sein, haben sie sich in jedem Fall redlich verdient – doch die Natur hat sich dabei auch etwas gedacht: »Faultiere bewegen sich auch deshalb so langsam, damit sie nicht entdeckt werden«, erklärt die Tierpflegerin Susanne Finckh-Friedrich.

Ungewöhnlich ist zudem eine weitere Tarnung, die Faultiere vor Raubtieren und Greifvögeln schützen soll: In ihrem dichten Fell siedeln Algen, die sie grünlich blitzen lassen und in den Baumwipfeln des Regenwalds fast unsichtbar machen. Weitere Pelzmitbewohner wie Schmetterlingsraupen und etliche Parasiten machen die Tarnung perfekt. Den Großteil des Tages, im Schnitt etwa 15 Stunden, verschlafen die beiden Wilhelma-Faultiere, die übrige Zeit aber faszinieren sie die Besucher. »Es gibt einige, die nur wegen unserer Faultiere in den Zoo kommen«, sagt Susanne Finckh-Friedrich, die 1994 in der Wilhelma angefangen hat und nach mehrjähriger Erziehungspause seit Juni 2011 Pflegerin im Kleinsäuger- und Vogelhaus ist.

Sie selbst hat vor allem zu Marlies eine enge Beziehung, die mitunter mit ihr kuschelt und schmust, wie die gelernte Tierarzthelferin erzählt. Acht Babys hat Marlies hier schon bekommen, eines davon spektakulär und besucherfreundlich direkt vorne an der Scheibe. Der Nachwuchs wird von den Weibchen stets auf dem Bauch spazieren getragen, mit 15 Monaten werden die Jungtiere dann an andere Zoos weitergegeben. Kein leichter Moment für Susanne Finckh-Friedrich, die nach der Zeit die kleinen Faultiere ins Herz geschlossen hat. Umso mehr freut sich die zweifache Mutter, dass sich momentan wieder ein Jungtier an Marlies klammert.

Obwohl von Natur aus Einzelgänger, versteht sich das Faultier-Pärchen von Beginn an gut. Während Marlies pflegeleicht ist, muss Tierpflegerin Susanne Finckh-Friedrich im Umgang mit Mike allerdings etwas vorsichtiger sein. »Wenn wir morgens die Pflanzen im Gehege mit dem Schlauch gießen, regt sich Mike sehr auf. Er kann das Geräusch überhaupt nicht leiden«, sagt sie. Wird er richtig sauer, hangelt er sich im Gehege von Ast zu Ast, hängt sich an den Hinterfüßen auf und schlägt mit den Vorderarmen um sich – und das nicht im Zeitlupentempo. Es geht also auch schneller.

Die beiden **Zweifingerfaultiere** Marlies (1999 geboren) und Mike (1993) haben ihr Gehege im Kleinsäugerhaus am Wintergarten, in dem unter anderem auch Kuba-Baumratten, Viscachas, Gundis, Borstenigel, Tanreks sowie zahlreiche Vogelarten untergebracht sind. In freier Wildbahn leben Faultiere in den Baumkronenregionen des tropischen Regenwalds vom nördlichen Südamerika bis zum Amazonasbecken. Mit ihren langen Krallen haben sie sicheren Halt im Geäst. In der Wilhelma bekommen die Faultiere jeden Tag unter anderem frischen Obstsalat, Salat und ein wenig Kartoffeln und Brot. Die Weibchen können nach acht bis zwölf Monaten Tragezeit ein Jungtier im Jahr bekommen. Ihr erstes Baby in der Wilhelma hat Marlies im August 2003 bekommen, ihr bisher achtes im Mai 2012.

DIE BLUME DES KÖNIGS

Christian Mikoteit und die Azaleen

Ob es König Wilhelm I. höchst persönlich war, der vor 170 Jahren angeordnet hat, für seine prachtvollen Gewächshäuser auch Azaleen aus fernen Ländern zu beschaffen, ist in den Büchern und Berichten aus der damaligen Zeit nicht überliefert. Fest steht nur, dass die Königliche Bau- und Gartendirektion im Frühjahr 1843 damit begonnen hat, die damals exotischen Pflanzen in Kübeln nach Stuttgart liefern zu lassen. Fast zwei Jahrhunderte später ist daraus eine der bedeutendsten Sammlungen in ganz Deutschland geworden.

Herr über die rund 80 Arten und Sorten an Azaleen ist Christian Mikoteit, der seit Mai 2000 dafür sorgt, dass sich die ausgefallenen Kübelpflanzen in der Wilhelma wohlfühlen und in voller Schönheit altern können. Ein Job, für den es viel Geduld und Fingerspitzengefühl braucht. Denn jede einzelne Pflanze hat ihren eigenen, ganz persönlichen Charakter, weiß der Zierpflanzengärtner aus Erfahrung. Grundsätzlich mögen es Azaleen eher kühl, hell und feucht. Die Bedürfnisse in puncto Feuchtigkeit, Licht und Wärme sind aber dennoch so unterschiedlich wie die Blüten der Pflanzen, deren Fülle und Vielfalt die Besucher stets in einer Jahreszeit überwältigt, in der es oft noch eher grau und trist ist. Schon mitten im Herbst, im Oktober, öffnen die ersten der ostasiatischen Schönheiten ihre weißen, rosa, roten, blauen und violetten Blüten, von März bis Ende April wogt in dem historischen Gewächshaus dann ein einzigartiges Farbenmeer.

Um die alten Sorten zu erhalten, muss Christian Mikoteit die Pflanzen immer wieder vermehren und veredeln, eine Kunst für sich ist zudem das Düngen und Gießen. Der Boden darf nicht zu sauer und nicht zu alkalisch sein, erklärt der Gärtner, weshalb er abwechselnd mit Leitungswasser aus dem Hahn und gesammeltem Regenwasser gießt. Immer wieder nimmt er auch Bodenproben, um den pH-Wert bestimmen zu lassen. In all den Jahren hat Christian Mikoteit, der schon als Kind im Garten seiner Großeltern im westfälischen Örtchen Bünde seine Liebe zur Pflanzenwelt entdeckt hat, ein Gespür für die Befindlichkeiten seiner Schützlinge entwickelt. Dass er dabei eine ganz besondere Verantwortung trägt, ist ihm bewusst. Einige der kostbaren Pflanzen, darunter auch noch ein 170 Jahre altes Exemplar aus Zeiten Wilhelms I., sind unersetzlich. Doch auch für die alte Dame aus längst vergangenen Zeiten hat Christian Mikoteit das richtige Händchen. Den König würde es freuen.

Azaleen gehören nach der botanischen Systematik in die Gattung Rhododendron. In China und Japan werden die Pflanzen schon seit Jahrhunderten gezüchtet und kultiviert, auf dem europäischen Festland sind sie seit 1800 bekannt. Inzwischen gibt es 850 Arten. Rhododendren wachsen vor allem in feuchten Bergregionen von 1000 bis 5000 Metern Höhe, etwa in den Nebelbergwäldern Südostasiens und im Himalajagebiet. Der Bestand an Azaleen in der Wilhelma gehört zu den wichtigsten Sammlungen in Deutschland. Derzeit werden hier knapp 80 Sorten kultiviert. Die Pflanzen werden stets von Mitte September bis Ende April im Azaleenhaus ausgestellt, Hauptblütezeit ist von März bis April. Den Sommer über verbringen die Kübelpflanzen im Halbschatten. Während dieser Zeit werden in dem Pflanzenhaus tropische Gewächse gezeigt.

SCHÖN UND SENSIBEL

Sonja Wegner und die Kamelien

Wenn man so will, ist Sonja Wegner die legitime Nachfolgerin des königlichen Hofgärtners Johann Baptist Müller. Dieser erstand im Jahr 1845 im Auftrag von Wilhelm I. für 2000 Gulden aus der privaten Sammlung eines Barons 200 besonders prachtvolle Kamelien, deren Transport mit dem Schiff er selbst bis zur Anlegestelle in Cannstatt begleitete. Einige dieser unersetzlichen Exemplare blühen noch heute im Kamelienhaus der Wilhelma, sorgfältig gepflegt von Sonja Wegner. »Auf die alten Pflanzen müssen wir besonders gut aufpassen«, sagt die Zierpflanzengärtnerin. »Wie ältere Menschen sind auch sie etwas anfälliger.«

Die hohe Kunst im Umgang mit der schönen, aber sensiblen Blume aus Ostasien liegt vor allem im richtigen Schnitt und im Gießen, wofür auch gestandene Gärtner viel Erfahrung brauchen, wie Sonja Wegner sagt. Einerseits muss die Gärtnerin darauf achten, dass die zwischenzeitlich über drei Meter hohen Kübelpflanzen in dem räumlich begrenzten Gewächshaus am Haupteingang der Wilhelma nicht zu groß werden. Andererseits sollen die Kamelien natürlich ihre Form behalten und auch im nächsten Jahr in voller Pracht aufblühen. Da sich die Blüte jeweils am neuen Trieb entwickelt, muss die Gartenschere von der Gärtnerin mit Bedacht und Umsicht angesetzt werden.

Jeden Winter stellt sich Sonja Wegner daher die bange Frage, wie die Blüte wohl diesmal ausfallen wird. Umso mehr freut sie sich, wenn sich ihre Kamelien dann wieder in voller Pracht zeigen. Ihr Farbenspiel reicht von Rot über Rosa und Pink bis Weiß und Gelb, neben einfachen Blüten bringen die Pflanzen auch halb und ganz gefüllte Formen hervor. Nicht wenige Besucher würden wegen der teilweise großen Ähnlichkeit der Blütenform irrtümlich die »wunderschönen Rosen« bewundern, erzählt die Gärtnerin, die selbst am liebsten die einfach blühenden Sorten mag. Nach der Blütezeit schmeißen Kamelien gerne die Blätter ab, was normal ist und kein Grund, in Panik auszubrechen, so Sonja Wegner, die seit Frühjahr 2000 in der Wilhelma arbeitet. Zu ihren Aufgaben gehört seither auch, die verschiedenen Sorten und Arten jeden Herbst so in ihren Töpfen im Kamelienhaus zu verteilen, dass sich ein stimmiges Gesamtbild ergibt und die Pflanzen gleichzeitig genug Platz haben. Besonders am Herzen liegen ihr dabei die großen und alten Kamelien, für die sie sich »besonders verantwortlich« fühlt. Wie es sich gehört, für eine königliche Hofgärtnerin.

Kamelien zählen zu den ältesten Kulturpflanzen Ostasiens. Botanisch gesehen sind sie eng mit dem Teestrauch verwandt, der aber wesentlich unscheinbarere Blüten hervorbringt. Der Samen der Gattung Camelia hat zudem einen hohen Ölgehalt. Um 1730 ist die Pflanze in Europa eingeführt worden, wo sie es im 19. Jahrhundert zur Modeblume einer ganzen Epoche gebracht hat. Ein literarisches Denkmal hat ihr der Schriftsteller Alexandre Dumas mit dem Roman »Die Kameliendame« gesetzt. Auf dieser Vorlage basiert zudem die Oper »La Traviata« von Verdi, in der die Kameliendame rote und weiße Blüten an ihre Liebhaber verteilt. Neben den 200 Arten gibt es heute geschätzte 30 000 Sorten. Im Kamelienhaus der Wilhelma werden die Pflanzen von Mitte September bis April ausgestellt. Hauptblütezeit ist von Ende Januar bis März.

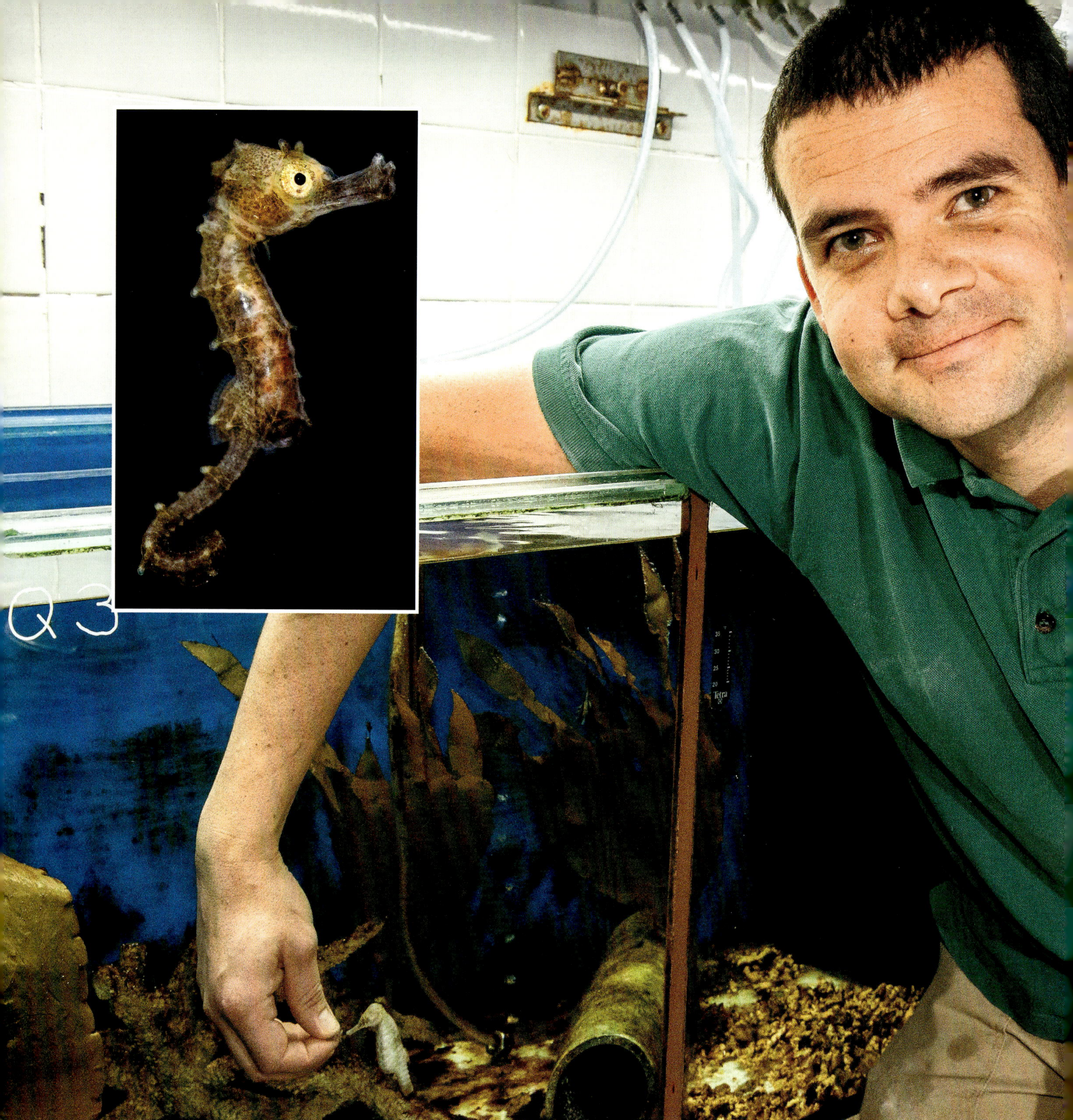

Seepferdchen kommen weltweit in tropischen und gemäßigten Meeren vor, teilweise auch im Mittelmeer. Die meisten Arten leben im tropischen Indo-Westpazifik. Sie gehören zu den schuppenlosen Knochenfischen und bewohnen Seegraswiesen in Küstennähe, Korallenriffe, seichte Wasserregionen in Mangrovenwäldern oder auch frei schwimmende Algenfelder. Bisher sind etwa 50 verschiedene Arten bekannt, die bis zu 30 Zentimeter groß werden. In der Wilhelma werden fünf verschiedene Arten gehalten. Alle Seepferdchenarten gelten als gefährdet und sind seit 2004 nach dem Washingtoner Artenschutzabkommen geschützt. Hauptursachen für die Gefährdung sind der Verlust des Lebensraums und der millionenfache Fang für den Souvenirhandel und die traditionelle asiatische Medizin.

EIN TÄNZCHEN AM MORGEN

Alexander Mendoza-Weber und die Seepferdchen

Jeden Morgen das gleiche Schauspiel, das immer wieder aufs Neue bezaubert. Kaum bricht der Tag an im Meeresbecken der Seepferdchen, halten sich das weiße Weibchen und das sandbraune Männchen an den Schwänzen und schwimmen zusammen hinauf an die Wasseroberfläche, wo sie minutenlang ein Tänzchen aufführen, schwerelos schwebend, unzertrennlich umschlungen, eine Begrüßungszeremonie in inniger Zweisamkeit. Und immer auch ein ganz besonderer Moment für Alexander Mendoza-Weber, der sich als Tierpfleger im Aquarium intensiv mit den unterschiedlichen Arten des Seepferdchens beschäftigt, dem Hippocampus, wie der wissenschaftliche Name lautet: der Pferderaupe.

Lange Zeit wurden Seepferdchen für vieles gehalten, nur nicht für einen Fisch. Kein Wunder. Eigenartig mutet nicht nur der Kopf der Tiere an, der auffallend dem eines Pferdes ähnelt. Seepferdchen sind zudem auch die einzigen Fische, die einen Greifschwanz haben, mit dem sie sich unter Wasser an Seegras oder Korallen festhalten, um nicht von der Strömung davongetrieben zu werden. Sie bevorzugen daher stets ruhige Gewässer, sagt Mendoza-Weber, der im Jahr 2000 seine kolumbianische Heimatstadt Bogota verlassen hat, um in Stuttgart Tierpfleger zu werden. Ins Aquarium wollte er nach seiner Ausbildung in der Wilhelma unbedingt, eintauchen in die schier unendliche Artenvielfalt von Fischen, Korallen, Schnecken, Hummern, Krebsen und Muscheln.

Auch der Seepferdchen-Kindergarten gehört zum Revier des Tierpflegers, der in seiner Freizeit Gottesanbeterinnen züchtet. Der millimeterkleine Nachwuchs der verschiedenen Arten von Seepferdchen wird in einigen separaten Wasserbecken hinter den Kulissen der Wilhelma großgezogen, teilweise werden die Babys mit eigens dafür gezüchteten Kleinkrebschen gefüttert. So ungewöhnlich wie die Tiere selbst ist dabei auch ihre Art, sich fortzupflanzen. Dazu legt das Weibchen die Eier in einen känguruartigen Beutel des Männchens, der sie so lange ausbrütet, bis die Jungtiere nach einigen Tagen schlüpfen. Ohne Tanzeinlage kommen die Seepferdchen aber auch dabei nicht aus. Bevor die Eier übergeben werden, vollführen sie ein langes Balzballett, einen Pas de deux unter Wasser, schwerelos schwebend, unzertrennlich umschlungen, ein Paarungsritual in inniger Zweisamkeit. Und immer wieder ein bezaubernder Moment.

NACH DEM VORBILD DER NATUR

Wie in der Wilhelma Lebensräume geschaffen werden

Zur biologischen Schädlingsbekämpfung hüpfen Frösche durchs Haus.

Auch wenn sie im Reich der Brüllaffen, Breitschnauzenkaimane und Riesentukane mit ihren imposanten Schnäbeln gerne übersehen werden: Über den Boden des Amazonienhauses kriecht und krabbelt all das, was dort auch hingehört. Spinnen, kleine Echsen, Schnecken, Wasserkäfer, Krebstiere und Würmer, worüber sich vor allem auch die Sonnenrallen freuen. Das Kleingetier steht auf dem Speiseplan des Tropenvogels aus Süd- und Mittelamerika, der sich in freier Natur seine Nahrung auf dem Waldboden sucht. Aber auch im Stuttgarter Regenwald fühlen sich die Vögel heimisch, da der Tisch hier ebenso reichlich gedeckt ist. Nährboden für das Leben auf der untersten Etage ist vor allem das Lindenlaub, das hier nach einer Versuchsphase mit künstlichem Granulatgemisch ausgestreut wird. Gleichzeitig haben die Botaniker den Düngereinsatz deutlich reduziert und zusätzlich Regenwürmer ausgesetzt, die den Boden durchwühlen und das Laub zersetzen, dessen Nährstoffe dann wiederum von den Bäumen aufgenommen werden. »Der Naturkreislauf im Haus soll wie in einem echten Lebensraum funktionieren«, sagt Björn Schäfer, der Leiter des Fachbereichs Botanik.

Nach dem Vorbild der Natur Lebensräume zu gestalten und dabei eigene kleine Ökosysteme zu schaffen, die sich weitgehend von selber im Gleichgewicht halten, ist eine der großen Herausforderungen auch für die Zukunft. Im Falle des Amazonienhauses gehört dazu etwa auch, dass Frösche aus dem Amazonasgebiet zur biologischen Schädlingsbekämpfung durch das Haus hüpfen. Und mit Hilfe eines Gartensprühers aus dem Baumarkt,

Seit über den Laubboden im Amazonienhaus allerlei Kleingetier krabbelt und kriecht, findet die Sonnenralle hier einen reich gedeckten Tisch.

In einen echten Regenwald gehört auch ein großer Wasserfall (links). Durch die Farnwelt im Kuppelhaus der Wilhelma plätschert dagegen ein kleiner Bach über die Felsen.

der unter dem Dach montiert wurde, regnet es zwischenzeitlich auch richtig in dem 14 Meter hohen Glashaus. »Seit das Wasser wie in der Natur von oben kommt, entwickeln sich unsere Pflanzen ganz anders«, erzählt Schäfer, der mit seinem Team ständig auf der Suche ist nach neuen Pflanzen, die in den ausgewählten Lebensraum passen könnten.

Mit dem unermesslichen Reichtum und der Vielfalt seines natürlichen Vorbilds kann das Amazonienhaus freilich bei noch so viel Liebe zum Detail nicht mithalten. Fast die Hälfte aller Tier- und Pflanzenarten haben ihren Lebensraum in der »grünen Hölle« Amazoniens, dem mit knapp sieben Millionen Quadratkilometern Fläche weltweit größten zusammenhängenden Regenwaldgebiet. Allein der Bestand an Pflanzen wird auf knapp 40 000 verschiedene Arten geschätzt. Für die Planer und Gestalter der im Jahr 2000 eröffneten Amazonien-Anlage stellte sich angesichts dieser Vielfalt an Flora und Fauna im Vorfeld daher vor allem die Frage, welche bestimmte Region als Vorbild dienen soll, erklärt der zoologische Kurator Günther Schleussner. Die Wahl ist dabei zunächst auf ein Bergregenwaldgebiet am östlichen Abhang der Anden und später auf eine Tieflandregion gefallen, mit dessen Tier- und Pflanzenwelt sich die Wissenschaftler der Wilhelma bei der Planung genauso intensiv beschäftigt haben wie mit den klimatischen Bedingungen vor Ort. Nach diversen Anlaufschwierigkeiten wachsen und gedeihen in dem Regenwald am Neckar heute bei einer Luftfeuchtigkeit von 70 Prozent und besucherfreundlichen 26 Grad Celsius rund 350 Arten – vom Kanonenkugelbaum über Bananenstauden bis zu exotischen Passionsblumen und Palmen. Ein Stückchen echter Regenwald.

Doch nicht nur im Amazonienhaus, auch an einigen anderen Orten in der Wilhelma hat sich die Natur nach ihrem eigenen Vorbild entfalten können. So haben die

Im Kakteenkuppelhaus haben die Gärtner einen Teil der mexikanischen Sonora-Wüste nachgebaut.

Täuschend echt: Kurator Günther Schleussner vor einem der künstlichen Urwaldriesen im Amazonienhaus.

Botaniker etwa im Kakteenkuppelhaus einen kleinen Teil der mexikanischen Sonora-Wüste nachgebaut, die mit einer Fläche von etwa 320 000 Quadratkilometern eine der vielseitigsten und artenreichsten Wüstenregionen der Welt ist. Die Liebe der Gärtner zum Detail reicht dabei bis hin zum Aroma, das sich unter der hohen Kuppel ausgebreitet hat und die Besucher empfängt. »Der typische Geruch der Region entsteht nur aus der Komposition der verschiedenen Pflanzen«, sagt Schäfer. Um die Sammlung stetig auszubauen, unterhält das Team unter anderem Kontakte zu einer Samenbank in Kalifornien. Mit dem Saatgut, das die Wilhelma von dort bezieht, werden hinter den Kulissen neue Pflanzen nachgezogen, die in vielen Fällen nur langsam wachsen und einiges an Geduld erfordern. »Wir wollen aus der Botanik das Maximum herausholen«, sagt Schäfer.

Die richtigen Pflanzen am richtigen Ort wachsen zu lassen, spielt fast überall in der Wilhelma eine wichtige Rolle. Auch im Terrarium sind nach diesem Prinzip gefühlsechte Landschaften für die Wüsten- und Regenwaldbewohner geschaffen worden, die sich auch zwischen den einzelnen Schaukästen durchziehen und

Auch in der Krokodilhalle mit ihren künstlichen Sandbänken laufen die Besucher durch nachgebildete Landschaften.

diese miteinander verbinden sollen, wie Isabel Koch erklärt, zuständige Kuratorin für Reptilien, Amphibien, Fische und Wirbellose. So leben etwa unter echten Teebäumen aus Australien Tannenzapfenechsen, Bartagame und Kragenechsen in friedlicher Wohngemeinschaft zusammen – ganz genauso wie in der australischen Steinwüste. Und auch in der Krokodilhalle, im Insektarium, in der tropischen Schmetterlingshalle oder im Aquarium laufen die Besucher durch nachgebaute Landschaften – vom Missisippidelta bis zum heimischen Nordschwarzwald mit seinen Bachforellen, Saiblingen, Heidelbeeren und Tannen. Für das authentische Naturerlebnis wird einiger Aufwand betrieben, zudem braucht man ziemlich viel Platz, um einen Lebensraum zu gestalten, wie Isabel Koch betont: »Wir hätten gerne die doppelte oder dreifache Fläche dafür.«

Ohnehin sind den Gestaltern der Lebensräume bei ihrem Bemühen, der Natur möglichst nahe zu kommen, mitunter natürliche Grenzen gesetzt – auch aus rein praktischen Gründen. So stammen die Felsen im Ama-

Heimisch: ein Stückchen Nordschwarzwald mit seinen Bachforellen, Saiblingen, Heidelbeeren und Tannen.

zonienhaus nicht etwa aus dem brasilianischen Regenwald, sondern aus der Werkstatt eines französischen Betonkünstlers. Sie wurden mit Spritzbeton verblüffend echt nachmodelliert und haben den Vorteil, wie Kurator Günther Schleussner erklärt, dass sie wesentlich leichter sind und zudem witterungsbeständig. Außerdem sind in ihrem Inneren Teile der komplizierten Technik für die Beleuchtung und die Klimatisierung verborgen, ohne die solch ein Haus natürlich nicht auskommt. Und auch einige der mächtigen Urwaldriesen im Amazonienhaus

Praktisch: Durch die Betonbäume im Amazonienhaus wird die verbrauchte Luft abgesaugt und zu den Klimaanlagen transportiert.

sind in Wirklichkeit täuschend echte Nachbauten und innen praktischerweise hohl. Durch sie wird unablässig verbrauchte Luft abgesaugt und zu den Klimaanlagen im Untergeschoss transportiert. Zudem sind die Betonbäume mit Sensoren bestückt, mit deren Hilfe die sensible Klimatisierung geregelt wird. Der tosende Wasserfall im Herzen der Anlage, der Quell des »Schwäbischen Amazonas«, ist dagegen echt – und zudem auch überaus nützlich. Er speist nicht nur das Becken mit seinen Kaimanen, Buntbarschen, Pacus und Krötenkopfschildkröten. Nebenbei übertönt er auch den Autolärm von der angrenzenden Pragstraße, der zweifellos nicht in einen richtigen Regenwald gehört.

IN FREMDEN WELTEN

Marcus Hoffmann und die Südseelandschaft

Ob Blauer Vogelfisch, gestreifter Doktorfisch oder Zitronen-Kugelfisch: Die in Form und Farbe so unterschiedlichen Tropenfische dürften sich einhellig kaum für den Südseezauber interessieren, der sich außerhalb ihres Reviers entfaltet – also über dem warmen Wasser. Für die Besucher des Aquariums gehören die Landschaften hinter Glas dagegen zum Gesamterlebnis dazu. Sie sollen völlig eintauchen in fremde Lebenswelten, zu denen neben der Fauna, etwa den Fischen, auch die passende Flora gehört, wofür unter anderem Marcus Hoffmann zuständig ist. »Die Tiere sollen möglichst in ihrer echten Umgebung gezeigt werden«, sagt der Zierpflanzengärtner, dessen Spezialgebiet daher sozusagen der Landschaftsbau ist.

Im Becken der Bachforellen und Saiblinge haben die Gärtner ein Stückchen Nordschwarzwald mit seinen Tannen und Heidelbeeren gepflanzt, in der Krokodilhalle wächst eine tropische Uferlandschaft mit ihren typischen Sandbänken, und im Südseebecken sind es die Farne, Wundersträucher, großen Kokospalmen und farbenfrohen Orchideen, die das Aquarium zum Regenwald machen. Für die Illusion muss allerdings einiger Aufwand betrieben werden, angefangen bei den hohen Temperaturen und der extremen Luftfeuchtigkeit. So muss Marcus Hoffmann etwa jeden Tag in tropischem Klima gelbe Blätter und schadhafte Triebe ausputzen, vergleichsweise oft müssen die wuchernden Pflanzen zurückgeschnitten werden.

Regelmäßig setzt der Gärtner zudem neue Pflanzen aus der Nachzucht hinter den Kulissen ein, um dem Vorbild der Natur noch ein Stückchen näher zu kommen. »Das Gefühl, der Eindruck, das Gesamtbild muss einfach stimmen«, sagt Hoffmann, der sich zu den Tropen und deren unendlicher Pflanzenvielfalt hingezogen fühlt und etwa in Ländern wie der Dominikanischen Republik Urlaub macht, um den Urwald hautnah zu erleben. Was ihm hinterher bei seiner Arbeit hilft, wie er sagt. Dabei lernt der »Landschaftsbauer« gleichzeitig etwas über die Tiere, die Eisvögel, Leistenkrokodile – aber auch über Schildläuse, die mitunter in Heerscharen die Blätter befallen. Chemische Pflanzenschutzmittel sind grundsätzlich tabu im Tierreich, auch die Gärtner setzen daher verstärkt auf biologische Hilfe, etwa auf Schlupfwespen oder auf einzelne Marienkäferarten. Die fressen die lästigen Schädlinge einfach auf – in welcher Landschaft sie das tun, interessiert sie dabei wenig.

Das **Aquarium** am Rande des Maurischen Gartens war das erste moderne Zoogebäude der Wilhelma überhaupt und gilt noch heute als wissenschaftliches Prunkstück. Es wurde bereits im Jahr 1967 eröffnet und hat die Wilhelma als Zoo berühmt gemacht. Das Haus ist in drei Teile gegliedert, die verschiedene Lebensräume repräsentieren. Die Becken mit den tropischen Süßwasserfischen und den vielfältigen Bewohnern der Korallenriffe befinden sich im Südteil des Hauses, im Norden sind die Wassertiere der gemäßigteren Zonen zu sehen. Dazwischen liegt das Terrarium mit der großen Krokodilhalle, das die Heimat zahlreicher Kriechtiere und Lurche ist. Ziel der Gärtner und Botaniker ist, möglichst viele Bereiche in dem Haus nach dem Vorbild der Natur zu gestalten, also echte Lebensräume nachzubilden – von der Südseelandschaft bis zum Nordschwarzwald.

Die **Brillenschlange** ist eine gefährdete Kobraart, die bis zu zwei Meter lang wird. Der natürliche Lebensraum der Reptilien erstreckt sich vom südlichen Himalaja bis Sri Lanka. Dort besiedeln sie Mittelgebirgswälder ebenso wie Tieflandwälder, Reisfelder und Habitate in der Nähe von Wohngebieten, weil sie dort Nahrung finden. Brillenschlangen sind dämmerungsaktiv und jagen Säugetiere, Amphibien, Reptilien und Vögel, zudem ernähren sie sich von deren Eiern. Bei buddhistischen Mönchen und Hindus gilt die Brillenschlange als heilig, zudem ist sie häufig bei Vorführungen indischer Schlangenbeschwörer zu sehen. Brillenschlangen haben eine unterschiedliche Zeichnung, die meisten weisen jedoch die typische Markierung auf der Rückseite des Halsschildes auf, die an eine Brille erinnert. Das Gift der Schlange wirkt neurotoxisch.

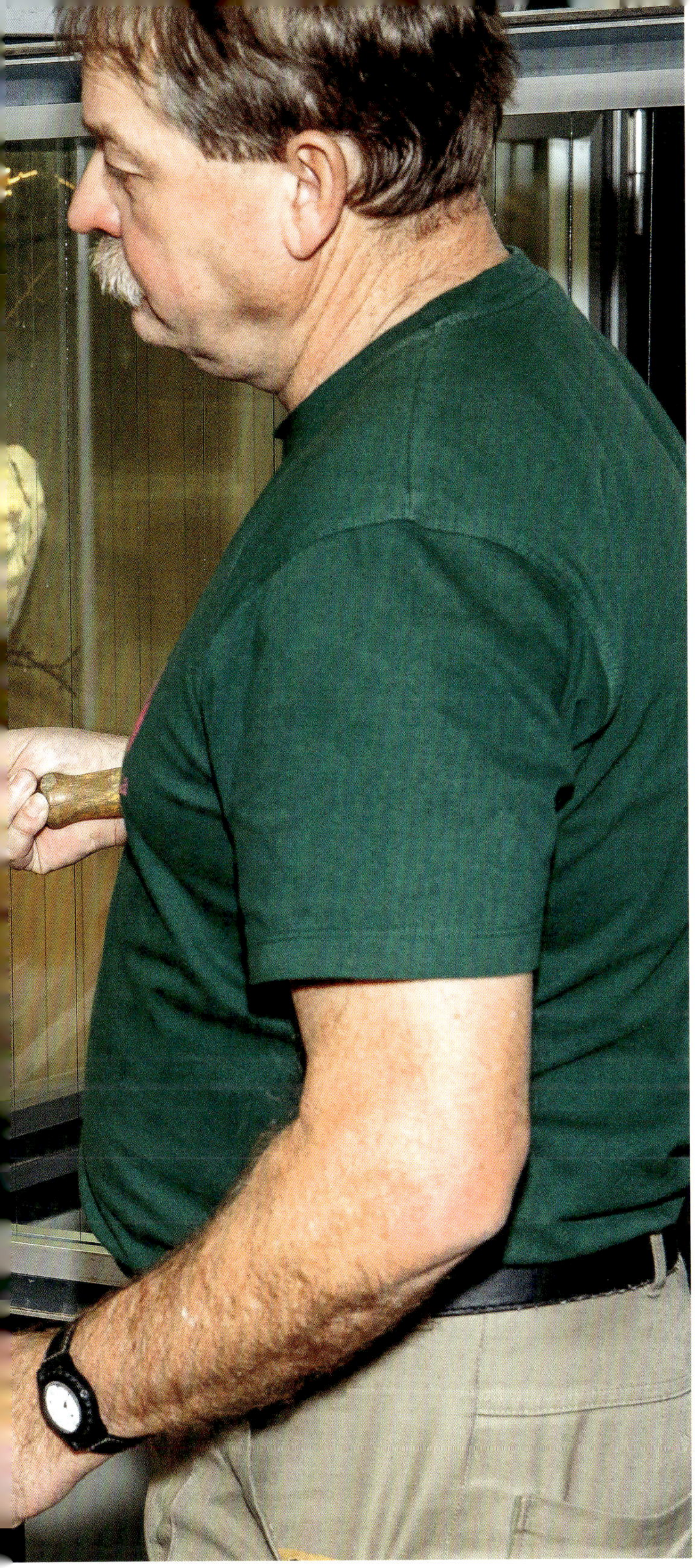

GEFÄHRLICHE ROUTINE

Harald Aberle und die Brillenschlangen

Der Schlüssel zum »Giftschrank« ist in besten Händen. Wann immer Harald Aberle eine der Glastüren öffnen muss, an denen ein Schild »Sehr giftig!« hängt, ist jede seiner Bewegungen sorgfältig geplant, lässt der Tierpfleger sein Gegenüber nicht eine Sekunde aus den Augen. Zwar ist der nicht ungefährliche Job einerseits längst zur Routine geworden: Jeden Tag müssen die Terrarien mit den Giftschlangen geöffnet werden, um sie sauber zu machen, frisches Wasser nachzufüllen oder die Tiere zu füttern. Andererseits vergisst der Tierpfleger bei aller Gewohnheit im Umgang mit den giftigen Reptilien niemals, mit wem er es da zu tun hat. »Wer so eine Tür öffnet, muss sehr verantwortungsbewusst sein und ganz genau wissen, was er tut«, sagt Aberle.

Eine der giftigsten Vertreter im Terrarium der Wilhelma ist die Brillenschlange, die sich als Warnung steil aufrichtet und ihren Nackenschild spreizt, wenn sie sich in die Enge getrieben fühlt. »Eine Schlange droht immer erst, bevor sie beißt«, sagt der Tierpfleger, der seit über 40 Jahren mit verschiedensten Giftschlangen zu tun hat und längst ein gefragter Experte ist. Seine Führungen in der Wilhelma sind stets gut besucht, unter anderem schult er auch Polizisten und Feuerwehrmänner im Umgang mit den Reptilien. Wichtig zu wissen ist etwa, dass das Gift sehr kostbar für Schlangen ist und es nach einem Biss bis zu drei Wochen dauert, bis die Giftblase wieder gefüllt ist. Die Schlange braucht es zum einen zur Beutejagd, gleichzeitig dient das Gift mit seinen Enzymen als Verdauungshilfe. Sie beißt daher eigentlich nur, wenn es unbedingt sein muss, sagt der Tierpfleger.

Dennoch braucht es im Umgang viel Erfahrung, jede Schlange verhält sich anders, jede reagiert unterschiedlich. Brillenschlangen sind grundsätzlich nicht angriffslustig und fliehen vor den Menschen, sofern man sie lässt. Dennoch kommt es in Ländern wie Indien vergleichsweise häufig zu tödlichen Unfällen, wenn etwa Bauern auf ihren Reisfeldern gebissen werden, in denen die Schlangen Ratten und andere Kleinsäugetiere jagen. In der Wilhelma bekommt jede der beiden Kobras alle vierzehn Tage zwei Ratten serviert, was zu den gefährlichsten Momenten zählt, weil die Giftdrüsen der Schlangen kurz vor dem Verschlingen ihrer Beute voll sind. Zur Sicherheit sind die Tierpfleger bei diesen Fütterungen stets zu zweit – ansonsten darf sich niemand in der Nähe aufhalten, wenn Harald Aberle den Schlüssel zum »Giftschrank« herausholt.

SHOWTIME AUF ZURUF

Harald Aberle und die Leistenkrokodile

Es hat ihn nicht mehr losgelassen, das Foto, das Harald Aberle vor zehn Jahren in einer Zeitung gesehen hat. Irgendwo in den philippinischen Mangrovenwäldern aufgenommen, war darauf ein mächtiges Krokodil zu sehen, das bei einer Fütterung weit aus dem Wasser springt und gierig nach einem Vogel schnappt. Ausgefallen. Aufsehenerregend. Außergewöhnlich. Seither war für den Tierpfleger und Reptilienexperten eines sonnenklar, wie er sagt: »Das muss ich auch hinbekommen.«

Heute ist »Crocodile Harry« selbst ein begehrtes Fotomotiv, jeden Montag, wenn Showtime in der gut besuchten Krokodilhalle ist. Hauptdarsteller neben dem langjährigen Tierpfleger selbst ist Tong, das einzige weiße unter den vier Leistenkrokodilen, die in der Stuttgarter Wilhelma leben. Bis zu den Hinterbeinen und weiter schnellt die über drei Meter lange Panzerechse auf Zuruf aus dem Wasser, wenn ihr Harald Aberle oben auf dem Felsvorsprung ein Huhn hinhält. Ausgefallen. Aufsehenerregend. Außergewöhnlich. Und ein absolut mühsames Unterfangen, das viel Geduld und Geschick von beiden Beteiligten erfordert hat, dem Pfleger und der Krokodilfrau Tong, deren Name in ihrer südostasiatischen Heimat so viel wie »die Goldene« bedeutet. Sechs Jahre lang haben die beiden miteinander trainiert, bevor im September 2012 der erste Sprung aus dem Wasser vorgeführt werden konnte – was zumindest in europäischen Zoos einmalig sein dürfte. Anfangs hatte der Pfleger Harald Aberle die Hühnchen noch an einer Schnur direkt über dem Wasser gehalten, nach und nach hat sich Tong dann immer weiter nach oben geschraubt.

Deng, »die Rote«, Sue, »die Hübsche« und Nunu, »die Kleine«, gehen die wöchentlichen Fütterungen erheblich gemütlicher an, sie strecken höchstens den Kopf aus dem Wasser und reißen ihr zahnstarrendes Maul auf. Alle vier stammen von thailändischen Krokodilfarmen, die Tierpfleger Aberle auch schon selbst besucht hat. Mit Krokodilen und anderen Reptilien zu arbeiten, ist für ihn nicht einfach ein Job, sondern sein Leben. Die Panzerechsen begleiten ihn durch den ganzen Tag, auf Tassen und Tellern, Anhängern und Visitenkarten, geschnitzt und gemalt, in Holz und Stein, lebensgroß und als Miniaturausgabe. »Es gibt nichts Faszinierenderes«, sagt Aberle, der mit seinen vier Krokodilen spricht wie ein Bauer mit seinen Kühen im Stall. Auf die springende Tong fährt der Tierpfleger im wahrsten Sinne des Wortes ab: Er hat sich ihren weißen Kopf auf einen Radkasten seines Jeeps sprühen lassen. Ausgefallen. Aufsehenerregend. Außergewöhnlich.

Das **Leistenkrokodil** hat von allen Panzerechsen das größte zusammenhängende Verbreitungsgebiet in Südostasien, Indien und Australien. Es kommt in küstennahen Flüssen und Sümpfen vor, aber auch im offenen Meer. Dort kann es große Strecken zurücklegen, weshalb die Tiere selbst auf entlegenen Inseln leben. Mit einem Gewicht von bis zu 1000 Kilogramm sind die Krokodilmännchen, die sechs Meter lang werden können, die größten lebenden Reptilien. In der Wilhelma hat die Haltung von Leistenkrokodilen lange Tradition. Bereits von 1967 bis 2000 lebte in dem Zoo ein großes weißes Exemplar, das weit über die Grenzen Stuttgarts als »Der Weiße« bekannt war. Die vier Leistenkrokodilweibchen Deng, Sue, Nunu und Tong wurden im Jahr 2000 auf thailändischen Farmen geboren.

EIN MEISTER IM UNTERTAUCHEN

Markus Kapp und der Krake

Schuld ist die Sendung mit der Maus. Weil es in den Lach- und Sachgeschichten vor vielen Jahren in einer mehrteiligen Serie um eine Krake namens Ferdinand ging, tragen seine Artverwandten in der Wilhelma seither allesamt den gleichen Namen. Ferdinand I tummelt sich vorne im Schauaquarium, vor dem täglich reger Betrieb herrscht. Ferdinand II lebt etwas ruhiger hinter den Kulissen in einem Rückzugsbecken – als Ersatzoktopus sozusagen. Die Lebenserwartung der Weichtiere liegt bei zwölf bis 18 Monaten. »Wir wollen unseren Besuchern dieses außergewöhnliche Tier durchgehend zeigen können«, sagt Markus Kapp.

Wozu die mit Schnecken und Muscheln verwandten Weichtiere in der Lage sind, erstaunt den Tierpfleger und langjährigen Revierleiter der Meerwasserabteilung immer wieder aufs Neue. Mit ausgeprägten Sinnen ausgestattet, können Kraken mit ihren Tentakeln sogar verschlossene Gläser aufschrauben, wenn darin ein Leckerbissen liegt, etwa ein Kaiserhummer. Beschäftigungen dieser und anderer Art sind für die Tiere mit ihren ausgeprägten physischen und intellektuellen Fähigkeiten extrem wichtig, erklärt Kapp. »Ein Krake ohne Aufgabe langweilt sich zu Tode, die Tiere müssen geistig gefordert werden.«

Dazu sind Kraken echte Individualisten, von denen jeder seinen eigenen Charakter hat. Der eine Krake ist eher schüchtern und kommt erst am Nachmittag aus seiner Amphore geschwommen. Der nächste wiederum scheint den Besucherandrang zu lieben und posiert medienwirksam an der Scheibe. Manche lernen schnell und sind zutraulich, andere können sich besonders viel merken. Außerdem sind die neugieren Tiere wahre Meister im »Untertauchen«, die sich fast durch jedes noch so kleine Loch zwängen können und gelegentlich auch mal aus ihrem Becken entwischen. Außer mit Futter, das Kraken vor allem als lebende Beute jagen müssen, werden sie in der Wilhelma auch mit allerlei Spielzeug beschäftigt, vom Wasserball bis zur Quietschente. »Wichtig ist nur die Abwechslung, dass es immer etwas Neues zum Untersuchen gibt«, sagt Markus Kapp, der nach seiner Ausbildung eigentlich zu den Raubkatzen oder Bären wollte, dann aber die vielseitige Arbeit und Gestaltungsmöglichkeiten im Aquarium schätzen und lieben gelernt hat. Dazu beigetragen haben auch die vielen Kraken, die er in den vergangenen 20 Jahren erlebt hat. Jede von eigener Persönlichkeit – aber alle mit Namen Ferdinand.

Die **Kraken** im Aquarium der Wilhelma stammen aus einer Fangstation bei Marseille (Frankreich), in der speziell für den Zoobedarf gefischt wird. Die Weichtiere leben überwiegend in Seegraswiesen und auf Felsgrund in bis zu hundert Metern Tiefe. Sie sind vorwiegend nachts unterwegs und Einzelgänger. Gesellschaft duldet der Krake nur zur Paarungszeit. Zu seiner Beute gehören vor allem Krebstiere, er jagt aber auch Fische und Muscheln. Sein Speichel enthält ein Gift, das Krebstiere sofort lähmt. Der papageienartige Hornschnabel der Tiere kann den Krebspanzer mühelos durchdringen. Der Name »Octopus« kommt von den acht Fangarmen, die jeweils zwei Reihen großer Saugnäpfe aufweisen. Mit ihnen kann er nicht nur seine Beute festhalten, sondern auch tasten und schmecken. Seine Spannweite mit ausgebreiteten Armen beträgt bis zu zwei Meter.

SELTENE SONDERLINGE

Hanna Hägele und die Seehasen

Paul versteckt sich gerne, Lump schubst, wenn es was zu Fressen gibt, Häschen ist ziemlich frech. Neugierig sind sie alle drei, außerdem sind sie etwas ganz Besonderes, wie Hanna Hägele findet. Die Tierpflegerin kennt ihre drei Seehasen schon von klein auf, als diese noch Babyfische und nur wenige Zentimeter groß waren. Seither sind die drei nicht nur ordentlich am Wachsen, sie haben auch ständig etwas zu tun in ihrem Becken. »Seehasen schwimmen nicht nur einfach herum, sie schauen sich alles genau an«, sagt Hanna Hägele.

Zu den Besonderheiten der Lumpfische, wie Seehasen auch genannt werden, gehört vor allem auch die Saugscheibe am Bauch, mit der sich die Fische zum Schlafen oder Ausruhen an einer glatten Fläche festhängen. Paul, der Kleinste im Seehasen-Trio, hat seinen Schlafplatz direkt hinter einem Stein. Lump und Häschen saugen sich vorzugsweise vorne an der großen Scheibe fest. Durch den engen Kontakt zu ihrer Pflegerin sind es die drei Fische von Beginn an gewöhnt, angefasst zu werden. »Seehasen sind keine Streicheltiere, aber sie dulden es«, sagt Hanna Hägele, die sie ohnehin von Hand füttern muss: »Sonst würde Lump den anderen alles wegfressen«, sagt sie.

Zur Leibspeise der Seehasen gehört vor allem Stint, also Meeresfisch, aber auch Muscheln sind ein willkommener Leckerbissen. Delikatessen für Feinschmecker produzieren die Seehasen derweil aber auch selber, was eine weitere Besonderheit des bizarren Fischs ist: Aus seinem Rogen wird, rot oder schwarz gefärbt und in Salzlake eingelegt, Deutscher Kaviar gemacht, der weltweit als Kaviarersatz des Stör-Rogens vermarktet wird. Die Haltung der Kaviarlieferanten in einem Aquarium gehört allerdings zu den eher schwierigen und diffizilen Aufgaben, nicht nur, weil die Meeresfische bis zu 70 Zentimeter groß werden können. Sie sind zudem auch recht anfällig für Krankheiten und daher auch in den großen Aquarien der Zoos eher selten zu sehen, sagt Hanna Hägele, die auf einem kleinen Bauernhof bei Schwäbisch Gmünd mit Hühnern, Gänsen, Ziegen und Schafen aufgewachsen ist und daher unbedingt Tierpflegerin werden wollte. Die vielseitige Arbeit im Aquarium hat sie dabei während ihrer Ausbildung zu schätzen und lieben gelernt, wie sie sagt. »Viele Tiere hier sind außergewöhnlich und spannend« – was im Besonderen auch für Paul, Lump und Häschen gilt.

Seehasen haben ihren Lebensraum auf steinigen Meeresböden der Küstengewässer des nördlichen Atlantiks in Tiefen von bis zu 850 Metern. Im östlichen Atlantik reicht ihr Verbreitungsgebiet von der Barentssee über die Küsten Islands und Grönlands bis nach Spanien. Aber auch in der Nordsee, der Ostsee sowie der Atlantikküste der USA und den Bermudas sind Seehasen verbreitet. Sie ernähren sich von kleinen Fischen, Krustentieren, Weichtieren und Quallen. Seehasen haben keine Schuppen und auch keine Schwimmblase. Stattdessen sind ihre Bauchflossen zu einer Saugscheibe verwachsen, mit der sie sich an den Meeresboden ansaugen können. Damit sind sie an das Leben in Bodennähe angepasst. In der Stuttgarter Wilhelma werden Seehasen in einem Becken im Eingangsbereich des Aquariums gehalten.

SPIELNATUREN UND SCHATZJÄGER

Wie die Tiere in der Wilhelma beschäftigt werden

Seine Spezialitätenkammer öffnet Klaus-Dieter Strauß nicht für jeden. In dem kleinen Kühlraum ganz am Ende der weitläufigen Futterküche lagern bei minus 20 Grad diverse Leckereien, mit denen nur ausgewählte Zoobewohner gefüttert werden. Weiße Babymäuse beispielsweise, wie an einer Perlenkette in Kartons aufgereiht. Kistenweise Tintenfische, Babykrill, Suppenhühner, Garnelen und Kaiserhummer, die etwa den Muränen im Aquarium serviert werden. Mehr als 10 000 Wilhelmatiere müssen der Futtermeister und sein Team jeden Tag versorgen, was eine Kunst für sich ist. Zum einen müssen enorme Mengen zu den einzelnen Küchen der Gehege und Käfige gefahren werden, rund tausend Tonnen im Jahr. Gleichzeitig steht auch eine Vielzahl kleiner Besonderheiten auf der Einkaufsliste von Futtermeister Strauß, vom Biobabybrei für Gorillakinder bis hin zum rosa Pigmentfarbstoff, den die Flamingos bekommen. Die richtige Mischung und Abwechslung auf dem Speiseplan zu finden, ist vor allem auch eine Frage der Erfahrung. »Unseren Tieren soll es so gut wie möglich gehen«, sagt Strauß, der seine Zookarriere 1974 als Lehrling in der Wilhelma begonnen hat und hier schon seit Jahrzehnten »Küchenchef« ist.

Als solcher gehört er zwangsläufig zu den Frühaufstehern, morgens um sechs herrscht längst Hochbetrieb in seiner Futterküche. Kiloweise werden hier Karotten und Paprika, Bananen und Melonen, Haferflocken und Mais, Pferdeviertel und Heringe für die einzelnen Reviere in Kisten und Eimer gepackt. Mitunter stehen die Mitarbeiter auch selber am Herd und kochen Kartoffeln für

Aus zooeigener Produktion: Thomas Gesewsky-Dim wässert die Weizenzucht der Wilhelma.

Eingefroren: Ein Teil der 30 Tonnen Fisch, die im Jahr verfüttert werden, lagert im Kühlraum bei minus 20 Grad.

Elefanten und Nashörner oder mixen Eisbomben. Ein Teil der Zutaten wird frei Haus geliefert, den Löwenanteil auf der Futterliste besorgt Klaus-Dieter Strauß aber meist selbst auf dem Großmarkt in Wangen. Über die Preise zu verhandeln, ist Chefsache, an der Qualität wird dabei aber nicht gespart. Alles, was in der Wilhelma-Futterküche verarbeitet wird, muss in einwandfreiem Zustand sein, betont Strauß: »Verdorbene Sachen kommen bei uns nicht in die Kiste.«

Rund 380 000 Euro werden jedes Jahr verfüttert, den Etat einzuhalten, ist mitunter ein Balanceakt für Futtermeister Strauß. »Wir können nicht immer alles liefern, was sich die Tierpfleger vorstellen«, sagt er. »Wir finden aber immer einen guten Kompromiss.« Knapp 200 Tonnen Gemüse verschwinden jährlich in den Schnäbeln und Mäulern, 80 Tonnen Obst, 25 Tonnen Fleisch, 35 Tonnen Getreide und fast 30 Tonnen Fisch. Der größte Posten auf der Futterliste muss aber nicht teuer auf dem Markt eingekauft werden: Die knapp 300 Tonnen Heu und Stroh, die überwiegend in die Gehege der Huftiere und Dickhäuter geschaufelt werden, stammen sozusagen aus eigener Produktion: Sie werden von den Gärtnern der Wilhelma, die auch für die Pflege der landeseigenen Parkanlagen wie den Stuttgarter Schlossgarten oder den Rosensteinpark zuständig sind, selbst gemäht und später in einer Heuanlage zu handlichen Ballen gepresst. Und auch das Laub, das tiefgefroren für Gorilla, Okapi und Co. im Kühlhaus lagert, wird von Wilhelma-Mitarbeitern jeden Herbst eigenhändig in Stuttgarts Wäldern gesammelt.

Auf zooeigene »Produktion« setzt die Wilhelma zudem auch bei kleineren Futtertieren. So werden hier jährlich 6000 Ratten und die doppelte Menge an Mäusen gezüchtet, dazu noch eine viertel Million Wanderheuschrecken. Aufgepäppelt werden die Heuschrecken mit eigens dafür gezogenem Keimweizen, nach etwa zweiwöchiger Aufzucht landen die eiweißreichen Insekten dann als ausgewachsenes Exemplar auf dem Speiseplan von Spinnen, Reptilien, Vögeln und Affen. »Dadurch sind wir flexibel und wissen ganz genau, was wir unseren Tieren geben«, erklärt Futtermeister Strauß.

Ulrike Rademacher wiederum weiß bestens darüber Bescheid, wie die Fütterung der Tiere gleichermaßen aufregend wie abwechslungsreich gestaltet werden kann. Das Spezialinteresse der Kuratorin für Säugetiere ist die Beschäftigung von Zootieren, was in den Biowissenschaften unter dem Forschungsfeld »Behavioral und Environmental Enrichment« versammelt wird, also der Verhaltens- und Umweltanreicherung. Möglichkeiten, den Lebensraum der Tiere zu bereichern, gibt es verschiedene, angefangen bei der täglichen Körperpflege bis zur Gestaltung der Gehege und deren individueller Ausstattung, wie Ulrike Rademacher erklärt: Tiger brauchen Kratzstämme, Orang-Utans stabile Kletterbäume, Erdmännchen viel Sand zum Buddeln.

Einen großen Teil ihres Tages verbringen Tiere in freier Wildbahn aber mit der Nahrungssuche, die daher in den meisten Fällen als wichtigstes Beschäftigungsprogramm im Zoo genutzt wird, so die Kuratorin. »Tiere langweilen sich«, erklärt sie, »wenn das Futter wie im Schlaraffenland herumliegt und sie nicht gefordert werden.« Und Langeweile wiederum kann schnell zu sozialen Spannungen, Aggressionen und Verhaltensstörungen führen. In einem modernen Zoo ist daher auch der Einfallsreichtum der Pfleger gefragt, die sich immer neue Beschäftigungsmöglichkeiten ausdenken. Ständig andere Aufgaben braucht etwa der Krake, ein wahrer Meister an Kraft, Geschicklichkeit und Intelligenz. Um ihn geistig und körperlich zu fordern, bekommt er sein Futter in ständig wechselnden Behältern, etwa einem Einmachglas, das er mit seinen feinsinnigen Tentakeln erst aufschrauben muss, um eine leckere Garnele herauszufischen. Der Wüstenfuchs wiederum hat an einem Holzkasten mit verschiedenen Fächern und verschieb-

Leckere Leibspeise: Der Krake Ferdinand bekommt zur Beschäftigung Garnelen in einem verschlossenen Schraubglas serviert, das er geschickt aufschraubt.

Sumatra-Tiger Carlos kämpft mit einem Jutesack, der mit Fleisch gefüllt ist.

Achtung: Eisbär Anton wirft gerne mal seine blaue Spieltonne aus dem Gehege.

baren Deckeln Gefallen gefunden, ein Suchspiel mit Leckerbissen. Und den Okapis, die als Einzelgänger nur schwer zu beschäftigen sind, werden Laub, Sellerie und Mangold in baumelnden Körben vorgesetzt, was das Fressen zu einer Geschicklichkeitsübung mit gestrecktem Hals und langer Zunge macht.

Leben in die Gehege bringen die Tierpfleger mitunter aber auch, indem sie neue Duftmarken setzen, etwa bei den Eisbären oder im Raubtierhaus. »Eine Parfümprobe aus dem Drogeriemarkt kann unheimlich spannend sein. Man braucht dazu nicht unbedingt den Duft eines Konkurrenten«, erklärt Ulrike Rademacher, die selbst immer wieder neue Proben mitbringt, die dann stundenlang beschnuppert werden. Zur Beschäftigung genutzt wird außerdem der natürliche Spieltrieb, der vor allem bei Jungtieren ausgeprägt ist. Doch es gibt auch ausgewachsene Spielnaturen unter den Wilhelma-Bewohnern, wie etwa die Keas, in deren Voliere es meist so unaufgeräumt aussieht wie in einem Kinderzimmer. Die Vögel haben unbegrenzt Spaß daran, Bälle und andere Spielsachen durch den Käfig zu werfen oder mit dem Schnabel den Ablaufpfropfen aus der Wassertränke zu picken. »Am allerliebsten zerlegen sie etwas in seine Bestandteile«, sagt Ulrike Rademacher.

Eben jeder nach seiner Natur. Tigermann Carlos trägt lieber eine 53 Kilogramm schwere Gummikugel im Maul spazieren, die einst benutzt wurde, um Rohre freizuschießen. »Ideal für ein Raubtier«, sagt Ulrike Rademacher, »um sich im Kampf darin zu verbeißen«. Eisbär Anton »erlegt« derweil im Hechtsprung eine blaue Spieltonne, die durch sein Gehege schwingt. Dscheladas, Mähnenspringer und Klippschliefer wiederum beschäftigen sich vorzugsweise gegenseitig: Auch ihre bewährte Wohngemeinschaft in der Felsanlage dient der Unterhaltung. So reiten vor allem die jungen Paviane leidenschaftlich gerne auf dem Rücken der gutmütigen Mähnenschafe – soziales Miteinander als Anti-Langeweile-Programm. »Die Art der Beschäftigung hängt von der Intelligenz der Tiere und ihrem Sozialverhalten ab«, erklärt die Kuratorin. »Damit es ihnen und ihrer Psyche gut geht, müssen sich die Tierpfleger immer etwas Neues einfallen lassen.«

Rundherum: ein Schwenk durch die Futterküche der Wilhelma, in der täglich 10 000 Tiere versorgt werden.

WIE EIN FEUERWERK

Evelyne Gehrung und die Magnolien

Das Büro von Evelyne Gehrung im alten Hofküchengebäude passt wunderbar zu jenen »botanischen Juwelen« in der Wilhelma, die das liebste Kind der Landschaftsgärtnermeisterin sind, wie sie selber sagt: die prachtvollen Magnolienbäume, von denen auf dem Gelände des Zoologisch-Botanischen Gartens etwa 90 Exemplare stehen, alleine 73 davon im sogenannten Magnolienhain vor dem Maurischen Landhaus. Etliche von ihnen stammen noch wie das backsteinrote Küchenhaus auch aus Königszeiten. Die älteste Magnolie, ein knorriger Baum mit hellroten Blüten, wurde um das Jahr 1850 gepflanzt.

Die schöne kräftige Blüte der Magnolien, die nur von äußerst kurzer Dauer ist, vergleicht die Landschaftsgärtnermeisterin gerne mit einem Feuerwerk am Nachthimmel. Wunderschön und gewaltig für den Augenblick, aber nach einer kurzen und heftigen Entladung in einem Farbenmeer aber auch schon wieder vorbei. Je nach Wetterlage brechen die ersten Blüten der Magnolien zwischen Ende März und Anfang April auf, Frost sollte es dann möglichst keinen mehr geben. »Dann ist die Gefahr groß, dass die gesamte Blüte sehr schnell verdirbt«, sagt Evelyne Gehrung. Bleibt es warm genug, entfalten die exotischen Schönheiten für drei, vier, fünf Frühjahrstage ihre ganze Pracht, meist zur Osterzeit. Schon Tage vorher rufen Besucher aus dem ganzen Land in der Wilhelma an, um die Hauptblüte nicht zu verpassen. Ist es dann endlich so weit, drängen sich die Menschen förmlich durch den größten und ältesten Magnolienhain nördlich der Alpen.

Nach der Blüte werden die Bäume zurückgeschnitten, das aber mit Bedacht und so wenig wie möglich, so Evelyne Gehrung, die nach einer Ausbildung im Leipziger Zoo seit 1990 in der Wilhelma arbeitet und dort zwischenzeitlich als Betriebstellenleiterin den Bereich Parkpflege organisiert. Wann immer es möglich ist, legt sie aber gerne noch selber Hand an, am liebsten natürlich an die Magnolien. Manche der uralten Bäume haben mit den Jahren so große und schwere Ausläufer gebildet, dass die Äste gestützt werden müssen. Dieser romantische Wuchs ist typisch für die Bäume, die unter ganz besonderem Schutz stehen. Um die kostbarsten Arten zu erhalten, ist ein Teil der Altbestände von den Gärtnern vermehrt worden. Und Evelyne Gehrung schaut gerade während der Hauptblüte zwischendurch auch immer wieder, dass ihnen die Besucher nicht zu nahe kommen oder gar auf die Bäume klettern. Schließlich sind die Magnolien ihre heimlichen Lieblinge.

Die ursprüngliche Heimat der **Magnolien** ist das tropische Asien, Ostasien, der Himalaja, das atlantische Nordamerika und Mittelamerika. Die etwa 130 sommer- oder wintergrünen Arten aus der Familie der Magnoliaceae können bis zu zehn Meter und höher werden. In China werden Magnolien als sehr alte Kulturpflanzen geschätzt, in Europa werden sie seit etwa 300 Jahren kultiviert. Der Magnolienhain der Stuttgarter Wilhelma ist der größte und älteste nördlich der Alpen. Insgesamt stehen in dem Zoologisch-Botanischen Garten etwa 90 Bäume in 23 verschiedenen Arten und Sorten. Die ältesten Exemplare, von denen noch 16 erhalten sind, wurden hier bereits 1850 im Maurischen Garten gepflanzt. Im Jahr 1953 wurde zum ersten Mal eine größere Zahl an Magnolien nachgepflanzt, um die Vielfalt für die Zukunft zu erhalten.

GLITZERNDES FARBENSPIEL

Achim Bauer-Henriques und die Seerosen

Das Schauspiel gleicht einer Zeremonie, die ihren Höhepunkt in einem glitzernden Farbenspiel findet. Einmal im Jahr, wenn die Magnolien längst in voller Blüte stehen und in den Gehegen der Wilhelma der erste Nachwuchs erwartet wird, schlüpft Achim Bauer-Henriques in seinen Neoprenanzug, der den Gärtner zum Zeremonienmeister macht, zum Herr der Seerosen. Genau 71 der tropischen Exemplare werden in jedem Frühjahr im Seerosenteich zu Wasser gelassen, nicht nach Lust und Laune, sondern nach einer ausgeklügelten Choreografie. Jede Pflanze hat ihren vorgegebenen Platz, der Teil eines durchkomponierten Farbenspiels ist. »Der Teich soll je nach Tageszeit und den Sommer über sein Gesicht wandeln«, sagt der Gärtnermeister.

Früh morgens blüht es in dem 30 Grad warmen Wasserbecken vor allem weiß, rosa und rot, am Mittag wechseln die Farben zu gelb, blau, violett und pink. Etwa 35 verschiedene Sorten tropischer Seerosen werden jeden Mai eingepflanzt, darunter auch immer zehn Exemplare der Gattung Victoria, der größten Seerose auf dem Planeten. Ihre riesigen Blätter, die wie ein Kuchenblech den Rand nach oben gebogen haben, sind ein Wunder an Stabilität: An Naturstandorten können kräftige Exemplare Lasten von bis zu 70 Kilogramm tragen. Damit im Frühjahr genügend Pflanzen zur Auswahl stehen, muss Achim Bauer-Henriques die sensiblen Seerosen einerseits durch den viel zu lichtarmen Winter bringen. Gleichzeitig zieht der Gärtnermeister, der sich auch zu Hause in seinem Fischteich und in Kübeln allerlei Seerosen hält, stets neue Pflanzen nach. Zudem sucht er regelmäßig bei Züchtern nach neuen Sorten wie etwa der rosafarbenen »Siam Pink«, die aus Thailand kommt.

Beginnen für die tropischen Pflanzen nach langer und reicher Blüte im Spätherbst langsam die frostigen Tage, wird es Zeit für Achim Bauer-Henriques, seinen Neoprenanzug wieder aus dem Schrank zu holen. Der Seerosenteich muss ausgeräumt werden, die Wasserpflanzen wollen in ihr Winterquartier zwischen den Dächern der Gewächshäuser umziehen. Dort schwimmen sie bis zum Frühjahr in beheiztem Wasser, zugedeckt mit Frühbeetfenstern, die sie vor Wind und Wetter schützen sollen. Dennoch kommt nicht jede der Pflanzen durch. »Im Dunkeln fühlen sie sich gar nicht wohl«, sagt der Gärtnermeister, der im Winter stets schon das nächste Schauspiel fürs Frühjahr plant – das mit einem Auftritt im Neoprenanzug beginnt.

Der große Teich im Herzen des Maurischen Gartens wird seit 1956 für tropische **Seerosen** genutzt. Gefüllt wird das 1,20 Meter tiefe Becken mit fast 800 000 Litern Cannstatter Mineralwasser, das im Sommer auf 28 bis 30 Grad Celsius beheizt wird. Die tropischen Seerosen werden je nach Witterung Mitte bis Ende Mai gepflanzt. Bis Ende Oktober blühen in dem Teich je nach Tageszeit etwa 35 der schönsten Arten und Sorten. Manche Pflanzen, wie etwa die nach Queen Victoria von England benannten Victorien mit ihren wagenradgroßen Schwimmblättern, öffnen ihre Blüten nachts und blühen zwei Tage, am ersten weiß, am zweiten rosa. Weltweit gibt es etwa 50 Arten von Seerosen, die langgestreckte oder knollenförmige Rhizome ausbilden, mit denen sie im Schlamm von Flüssen, Teichen, Seen und anderen Gewässern verankert sind.

Der **Kakaobaum** ist schon von den Azteken und Mayas kultiviert worden, teilweise wurden die Samen der Pflanzen sogar als Zahlungsmittel genutzt. Tausend Samen entsprachen damals drei Golddukaten. Seine ursprüngliche Heimat ist das brasilianische Amazonas- und Orinokogebiet, dort wächst er im Unterholz tropischer Regenwälder. In Europa wurde Kakao erstmals um das Jahr 1520 von Hernando Cortés nach Spanien eingeführt. Die Pflanze lässt sich nur unter bestimmten klimatischen Bedingungen kultivieren. Ohne Eingriffe durch den Menschen kann der Baum bis zu 15 Meter hoch werden, in Plantagen wird er auf etwa drei bis vier Meter gestutzt. Die Trockenbeerfrüchte sind 15 bis 20 Zentimeter lang und wiegen bis zu 500 Gramm. Unter der harten Schale befinden sich bis zu 60 weißliche Samen, die Kakaobohnen.

SOUVENIR AUS COSTA RICA

Karin Müller und der Kakaobaum

Zu einem leckeren Tässchen heißen Kakao aus eigener Produktion hat es zwar noch nicht gereicht, etwas ganz Besonderes ist es aber dennoch, seinen persönlichen Kakaobaum zu haben. Im Fall von Karin Müller wächst und blüht dieser im Nutzpflanzenhaus der Stuttgarter Wilhelma, zusammen mit etlichen anderen tropischen Exemplaren. Dort zählt der exotische Baum zu den eher anspruchsvollen Pflanzen, die neben einer hohen Luftfeuchtigkeit vor allem auch exakt tarierte Temperaturen brauchen und auch kleinere Schwankungen kaum vertragen.

Gekommen ist die Gärtnerin zu »ihrem« Kakaobaum auf einer der vielen Reisen und Exkursionen in ferne Länder, die sie vor allem früher mit Kollegen auch aus einem ganz bestimmten Grund unternommen hat: um nach damals noch seltenen Samen zu suchen. »Gärtner sind Jäger und Sammler«, sagt Karin Müller, die schon als Jugendliche in der Wilhelma gejobbt und Mitte der 80er-Jahre hier eine Gärtnerlehre begonnen hat. Die Samen der Kakaopflanze hatte sie 1994 aus Costa Rica mitgebracht, inzwischen ist längst ein stattlicher Baum daraus geworden, der von den Besuchern vor allem bewundert wird, wenn er tausende weißer Blüten austreibt. Diese wachsen direkt am Stamm, wobei sich später nur aus etwa jeder 500. Blüte eine Frucht bildet.

Bis zu acht Monate dauert es, bis die Frucht vollends gereift ist und die begehrten Kakaobohnen enthält, aus denen in einem komplizierten Bearbeitungsprozess Kakaopulver und Kakaobutter zur Herstellung von Schokolade gewonnen wird. Über 50 Nutzpflanzen aus den Tropen sind derzeit in dem Haus ausgestellt, darunter auch Baumwolle, Papayabäume, Kaffeesträucher, Sisalagave, Hanfpalmen, Pfefferpflanzen, Zuckerrohr, Mangobäume, Zimt, Vanille, Teesträucher und die Ylang-Ylang-Pflanze, aus deren Blüten ein aromatisches Öl gewonnen wird, das als Grundstoff für Parfüms dient. All diese Nutzpflanzen gehören heute selbstverständlich zum Alltag der Menschen, viele würden aber kaum wissen, wie sie aussehen und wachsen, sagt Karin Müller, die selbst immer wieder Besuchergruppen durchs Haus führt und den Nutzen der Pflanzen und deren Besonderheiten erklärt. Außerdem bittet die Gärtnerin bei diesen Gelegenheiten um eines: keine Früchte von den Bäumen und Sträuchern abzupflücken, was leider viel zu häufig passiert. Zum einen ist es schade für die anderen Besucher. Und zu einem Tässchen Kakao reicht es ohnehin nicht.

Riemenfarn

AUS EINER ANDEREN WELT

Florian Hägele und die Farne

Sie sind die Dinosaurier unter den Pflanzen: die Farne, die einst überall auf dem Planeten riesige Wälder gebildet haben. Die ältesten fossilen Funde sind etwa 400 Millionen Jahre alt, anders als die Dinos haben die Pflanzen aber bis heute allen Einflüssen getrotzt und überlebt. Genau diese Fähigkeit ist für Florian Hägele auch das Faszinierende an den Urzeitpflanzen, an denen vieles ganz besonders ist, wie der Gärtner sagt. »Sie waren erdzeitgeschichtlich als Erste da und haben sich bis heute durchgesetzt.«

Etwa 200 verschiedene Arten werden derzeit in der Wilhelma kultiviert und ausgestellt, der Großteil davon im Farnschauhaus und in der benachbarten Farnkuppel. Zum Bestand des botanischen Gartens gehören auch die teilweise vom Aussterben bedrohten Palmfarne, die weltweit unter Schutz stehen. Eine faszinierende Eigenschaft der lebenden Fossile, die dem Zeitenlauf standgehalten hat, ist die Art der Fortpflanzung über Sporen, von denen ein einzelner Farn Tausende bilden kann. Die mikroskopisch kleinen Keimpflanzen sind außerordentlich widerstandsfähig und einer der Gründe, warum sich die Farne bis heute in Konkurrenz zu Samenpflanzen durchsetzen konnten.

Faszinierend für Florian Hägele ist zudem auch die enorme Vielfalt im Reich der Farne, die in allen erdenklichen Grüntönen und Größen wachsen. So gibt es winzige Exemplare, die sich am Boden ausbreiten, andere wachsen als Aufsitzerpflanze an Baumstämmen und ziehen ihre Nährstoffe über das Wasser, manche sind Kletterer, manche wachsen im Wasser oder auf Felsen. »Farne haben viele unterschiedliche Lebensformen«, sagt der Gärtner, der seit 2009 in der Wilhelma arbeitet und selber einige Farne als Zimmerpflanzen hält. Beeindruckend in Gestalt und Erscheinung sind vor allem auch die riesigen Baumfarne, die je nach Klima bis zu 20 Meter hoch werden können, so Florian Hägele. Ein typisches Merkmal der Baumfarne sind die im Frühstadium noch eingerollten jungen Blätter, was dem Schutz der sensiblen Vegetationspunkte etwa vor Kälte dient. Viele Arten mögen es lieber warm und werden in der Wilhelma bei etwa 20 Grad ausgestellt, die benachbarte Farnkuppel ist dagegen auf gerade zehn Grad temperiert. Das Haus, in dem auch ein kleiner Bach über die Felsen plätschert, »wird bewusst ruhig und meditativ gehalten«, so der Gärtner. Eine Einladung für eine kurze Auszeit in einer Welt, die es schon seit vielen Millionen Jahren gibt.

Farne gehören zur Gruppe von Gefäßsporenpflanzen, also einzelligen Verbreitungseinheiten, aus denen sich ein Vorkeim (ein meist herzförmiges Blatt) bildet, der männliche und weibliche Geschlechtsorgane austreibt. Bei genügend Feuchtigkeit kommen die männlichen Geschlechtszellen bei den Eizellen an. Diese werden befruchtet, und es wächst eine neue Farnpflanze heran. Charakteristisch sind die eingerollten jungen Blätter, die einfach oder mehrfach gefiedert sind. Aus den Farnwäldern vor 350 bis 280 Millionen Jahren ist der fossile Brennstoff Steinkohle entstanden. Farne sind noch heute weltweit verbreitet, hauptsächlicher Lebensraum sind die tropischen Regionen. Insgesamt gibt es rund 12 000 verschiedene Arten. In Europa sind rund 170 Arten beheimatet. In der Wilhelma werden rund 220 Arten ausgestellt.

VERLOCKENDE FALLEN

Thomas Lehnen und die fleischfressenden Pflanzen

Wenn es ums Überleben geht, denkt sich die Natur mitunter die raffiniertesten Mechanismen aus. Verlockend glitzernde Klebefallen beispielsweise, unbarmherzig zuschnappende Klappfallen und verhängnisvoll rutschige Fallgruben, aus denen es kein Entrinnen mehr gibt. Pflanzen, die etwas ganz Besonderes können, haben Thomas Lehnen schon immer fasziniert – aber auch botanisch weniger bewanderte Menschen als der Wilhelma-Gärtner werden von einer speziellen Spezies wie magisch in ihren Bann gezogen: den fleischfressenden Pflanzen, die das Gesetz der Natur scheinbar auf den Kopf stellen.

Ein prominenter Vertreter der Karnivoren, wie sie auch genannt werden, ist die Kannenpflanze Nepenthes, die eine besonders wirksame Methode entwickelt hat. Ihre Blätter, die an Kletterranken hängen, haben sich mit der Zeit so umgeformt, dass sie eine geschlossene Grubenfalle bilden. Die Innenseite und der Kannenrand sind dabei mit einer Wachsschicht überzogen, die noch glatter als Glas ist, so der Gärtner. Von der auffälligen Rotfärbung des gewölbten Randes, der zudem mit Nektar beträufelt ist, werden Insekten aller Art angelockt – für die es nach der Landung allesamt kein Halten mehr gibt. Sind die Stechmücken, Fliegen, Wespen, Ameisen und Schaben erst einmal hineingerutscht, hat ihr letztes Stündlein geschlagen. Denn der Kelch selbst ist mit einer Art Verdauungssaft gefüllt, in dem die Tiere je nach Größe binnen Stunden oder Tagen aufgelöst werden. In den nebligen Tropenwäldern, in denen die Pflanze wächst, sind schon Kannen mit einem Liter Flüssigkeit entdeckt worden. »Die Pflanze kann problemlos auch ganze Mäuse verdauen«, sagt Thomas Lehnen, der seit 1992 in der Wilhelma arbeitet und hier seine Traumstelle gefunden hat, wie er sagt.

Grund für die ungewöhnliche Lebensweise ist die schiere Not: Um zu überleben, müssen sich fleischfressende Pflanzen an die Nährstoffarmut bestimmter Böden anpassen. Aus den gefangenen Tieren gewinnen sie insbesondere Eiweiß. Bekannt ist etwa der Sonnentau, in dessen glitzernder Klebefalle Insekten hängen bleiben. Die Venusfliegenfalle wiederum klappt ihre beiden Blätter so schnell zusammen, dass die Beutetiere durch die Zähne am Blattrand wie in einem Käfig gefangen sind. Die Kannenpflanze hat als besonders ausgeklügeltes Detail noch einen kleinen Blattdeckel über der Kanne, der verhindert, dass es in den Kelch regnet und der Verdauungssaft verdünnt wird. Einfach raffiniert.

Weltweit sind mehrere hundert verschiedene Arten **fleischfressender Pflanzen** bekannt. Da sie einen großen Teil ihres Nährstoffbedarfs über ihre Fangblätter und nicht die Wurzeln decken, sind diese meist kaum ausgebildet und damit äußerst widerstandsfähig gegen ungünstige Bodenbedingungen. Zur Spezies der Karnivoren oder Insektivoren zählen unter anderem die Kannenpflanzen, von denen zwischenzeitlich rund hundert Arten bekannt sind. Sie wachsen überwiegend in den Tropenwäldern von Madagaskar über Südostasien bis Australien. In der Stuttgarter Wilhelma wird während der Sommermonate auf den Subtropenterrassen in vier großen Schauvitrinen ein Teil der Sammlung an fleischfressenden Pflanzen ausgestellt, die einen Schwerpunkt in der botanischen Abteilung der Wilhelma bilden.

KÜHLE FROSCHHAUT UND WARME VOGELFÜSSE

Wie die Zooschule Emotionen weckt und Wissen vermittelt

Das grüne Seil beeindruckt, sobald es ausgerollt ist. Sieben Meter misst es von einem Ende zum anderen – von der Schnauze bis zur Schwanzspitze sozusagen. Mächtig und furchterregend. Regelmäßig läuft Kindern und Erwachsenen ein Schauer über den Rücken, wenn ihnen so bildhaft vorgeführt wird, wie lang ein ausgewachsenes Krokodil in freier Wildbahn werden kann. Wenn Stefanie Reska dann noch erzählt, dass in den tropischen Regionen Australiens angeblich auch schon zehn Meter lange Exemplare gesichtet worden sind, wie schnell Panzerechsen trotz ihres Gewichts von bis zu einer Tonne sein können und mit welch enormer Bisskraft sie ausgestattet sind, ist der Leiterin der Wilhelmaschule die ungeteilte Aufmerksamkeit ihrer Zuhörer sicher.

Das grüne Krokodilseil aus dem Fundus der Schule ist dabei nur eines von unzähligen Objekten und Anschauungsstücken, die helfen sollen, »biologische Fakten erlebnisorientiert zu vermitteln«. Genauso wie die rührenden Geschichten über die Mutterliebe von Gorillas oder die persönlichen Eigenarten der Stuttgarter Elefanten. »Wir wollen Emotionen wecken, um so einen Zugang zu den Tieren zu schaffen«, sagt die Diplom-Biologin, die seit 2007 als Zoopädagogin in der Wilhelma arbeitet. Die Regale und Schränke des Schulgebäudes sind voll von Gorillamasken, echten Stoßzähnen, Schädel- und Krallenimitaten, Wirbeln, Knochen, Korallen, Teeziegeln, Schildkrötenpanzern, Muscheln, Bienenwaben, Kakteenhölzern, Tigerzähnen, Bärenklauen, Fellen, Stachelschweinstacheln, Alpakawolle, Orang-Utan-Haaren und anderen faszinierenden Sammlerstücken aus dem Reich der Tiere und Pflanzen. Die meisten Gegenstände sind in den vergangenen Jahren schon durch zahlreiche Kinderhände gegangen, sind befühlt und bestaunt worden. Der Unterricht von Stefanie Reska soll anschaulich und spannend sein, ein Stück Biologie zum Anfassen – was ausdrücklich auch für alles gilt, was durch die Räume krabbelt, hüpft und flattert. So gehören beispielsweise die beiden Grünzügelpapageien Lilly

Der Grünzügelpapagei der Wilhelmaschule führt vor, wie gut er puzzlen kann.

Die Regale der Wilhelmaschule sind voll mit Anschauungsobjekten, vom Stoßzahn bis zum Schildkrötenpanzer.

und Pio zum lebenden Inventar der Schule, genauso die freundliche Ratte Emmi und ihre vier Schwestern. Riesige Achatschnecken aus Afrika haben im Schulgebäude ihr Zuhause, Seidenspinnen, Fische und Amphibien wie der australischen Korallenfingerfrosch, der bei den meisten Kindern besonders beliebt als Streicheltier ist. Wie er sich anfühlt? So glitschig, wie man es sich vorstellt, sagt Stefanie Reska.

Seit 1975 leistet sich die Wilhelma bereits eine eigene Schule, zusammen mit Frankfurt und London hat Stuttgart auf dem Gebiet der Zoopädagogik damit eine Vorreiterrolle inne. »Wissen zu vermitteln, Geschichten über Tiere und Pflanzen zu erzählen, um sie für die Besucher interessant zu machen, ist eine der wichtigsten Aufgaben eines Zoos«, sagt der Wilhelma-Direktor Dieter Jauch. Gerade weil dem Zoo der Bildungsauftrag so wichtig ist, wurde im November 2011 zwischen Maurischem Garten und Geiervoliere ein eigenes Schulgebäude eröffnet, ein gläserner Pavillon mit flexiblen Klassenräumen, einem Vortragssaal und knapp 190 Quadratmetern Platz, um ein neues Pädagogikkonzept umzusetzen. Ihre Aufgabe sieht Stefanie Reska auch darin, ihren Schülern »Abkürzungen in die unendliche Welt der Naturwissenschaften zu zeigen«, sie für die Belange der Umwelt zu sensibilisieren. »Wenn exotische Tiere schon außerhalb ihres natürlichen Lebensraums gehalten werden«, so die Biologin, »dann sollte man die Gelegenheit nutzen, um bei den Menschen Interesse für

Von groß bis klein: eine Sammlung verschiedenster Eier – vom Katzenhai bis zum Strauß.

Die Biologin Stefanie Reska mit einem Korallenfingerfrosch, der ein beliebtes Streicheltier in ihrer Wilhelmaschule ist.

diese Arten zu wecken und ihnen die häufig schwierige Situation dieser Tiere in ihren meist schwindenden Lebensräumen vor Augen zu führen.«

Vor der Eröffnung des lichtdurchfluteten Neubaus mit seinen raumhohen Fensterfronten waren hautnahe Begegnungen zwischen Mensch und Tier nur eingeschränkt möglich, es fehlte schlicht an geeigneten Räumen. Die 16000 Schüler, die jedes Jahr mit ihren Lehrern die Angebote der Wilhelmaschule nutzen, waren daher vor allem draußen unterwegs. In dem wohl ungewöhnlichsten Klassenzimmer der Stadt können Kinder nun bei Wind und Wetter erleben, was eine Amphibie oder einen Vogel ausmacht. »Kühle Froschhaut und warme Vogelfüße bleiben nun mal viel besser in Erinnerung, wenn man sie selber gespürt hat«, sagt Stefanie Reska. Sitzt der Frosch erst einmal auf der Kinderhand, erzählt die Diplombiologin etwa von dessen beeindruckendem Lebenszyklus und den knapp 2000 Arten, die weltweit wegen einer verbreiteten Pilzerkrankung vom Aussterben bedroht sind.

Ohnehin ist der Artenschutz ein wichtiges Thema in der Wilhelmaschule, dem viel Platz im Bildungsangebot eingeräumt wird. »Die meisten Menschen haben ohnehin schon eine positive Einstellung zur Natur. Wir möchten zeigen, dass Wissen um Tiere und Pflanzen Spaß macht und es die Lebensqualität steigern kann, einen Jaguar zu erkennen oder zu wissen, welcher Vogel morgens singt«, erklärt die Biologin, die im Jahr zusammen mit ihrem Team von freien Mitarbeitern neben Seminaren, Vorträgen, Thementagen und Workshops für

Der Neubau der Wilhelmaschule unterhalb der Geiervoliere ist im November 2011 eröffnet worden.

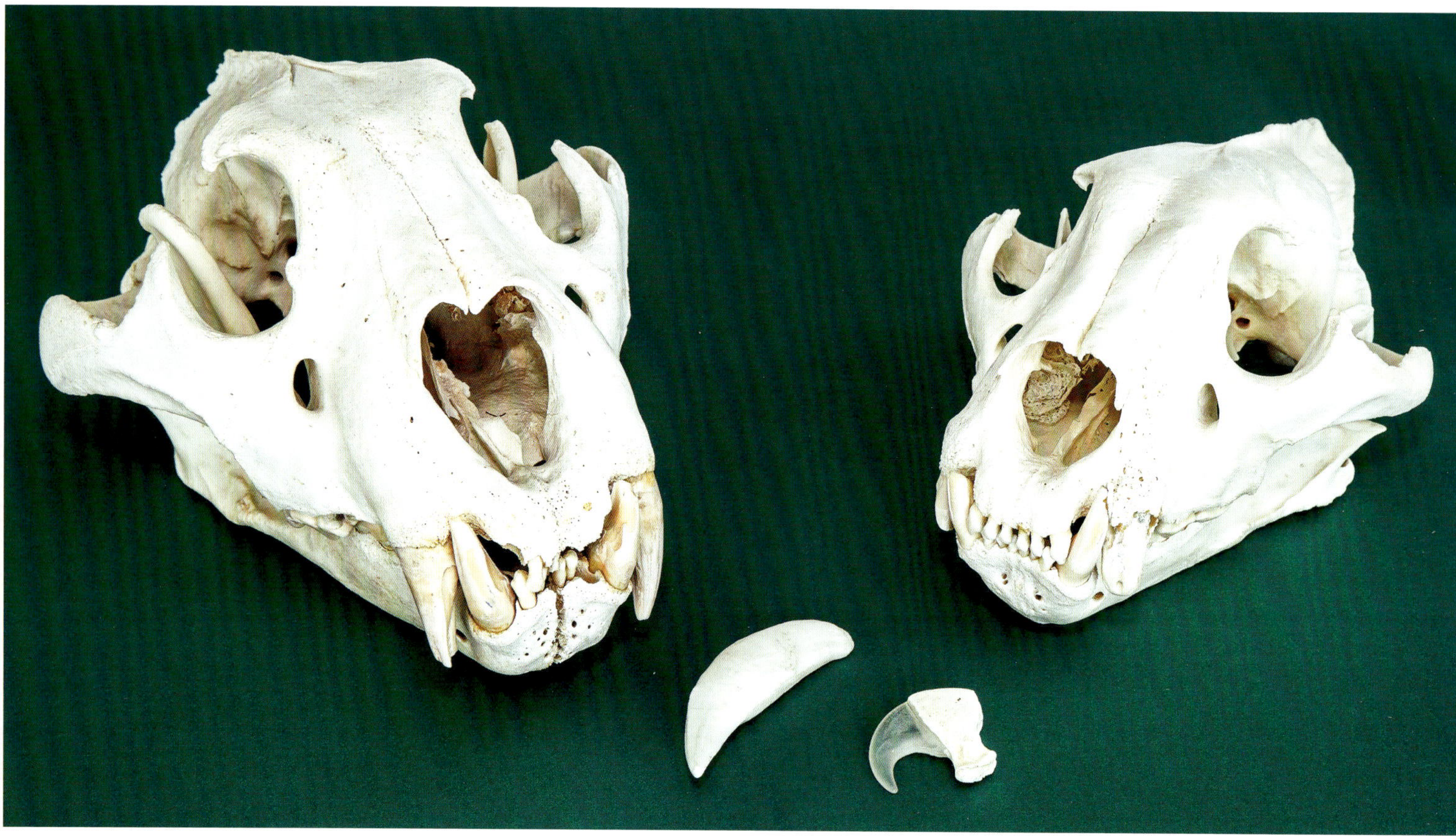

Auch Löwenschädel (links) und Tigerschädel gehören zur umfangreichen Sammlung der Wilhelmaschule, genauso wie Krallen und Eckzähne.

Pädagogen rund 1200 Führungen zu ausgewählten Orten veranstaltet. Je nach Thema der Führung packen die Zoologen und Botaniker Stoßzähne, Kakaobohnen, Kugelfische oder Straußenfedern in ihr Körbchen, um unterwegs anschaulich zu erklären, warum Elefanten vom Aussterben bedroht sind, welche verschiedenen Arten von Verständigung es im Tierreich gibt, ob der Pinguin nun ein Vogel oder ein Säugetier ist, wie heutzutage Gehege gestaltet werden und warum Zootiere ganz unterschiedlich beschäftigt werden müssen.

Ein Lehrbeispiel, wie schnell ein Lerneffekt eintreten kann, ist für Stefanie Reska der »Crashkurs am Riff«. Dabei werden den Schülern im Aquarium typische tropische Fischarten vorgestellt, die häufig vorkommen – aber eigentlich niemand kennt. Dennoch sind die Kinder

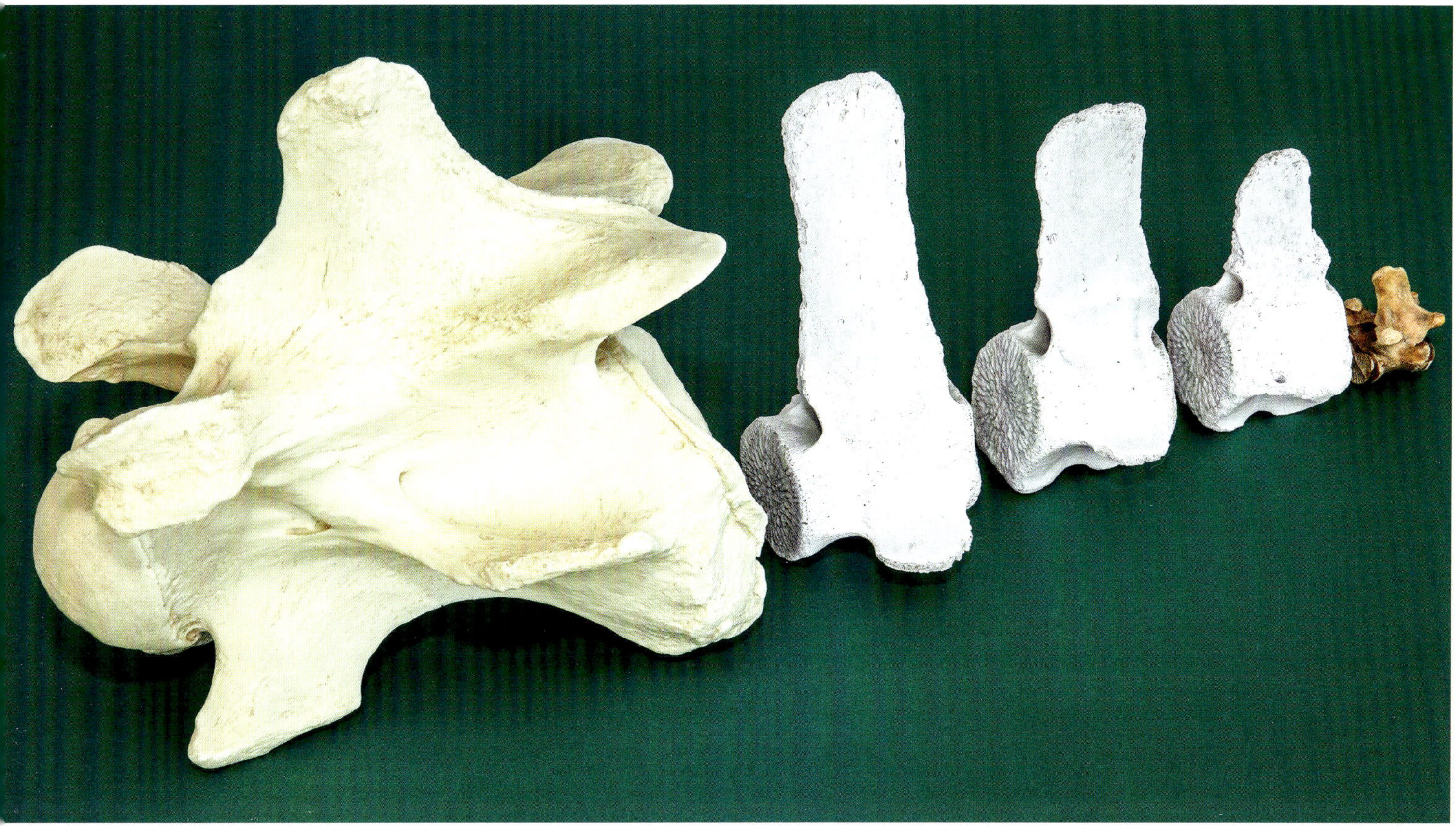

Wie unterschiedlich die Anatomie von Tieren ist, wird in der Wilhelmaschule auch mit Wirbelknochen von Giraffen, Walen und Schafen anschaulich vorgeführt.

nach kurzer Zeit in der Lage, über individuelle Merkmale wie einem langen Dorn am Kinn, dem griesgrämigen Gesichtsausdruck oder einem Skalpell an der Schwanzflosse die Fischfamilien voneinander zu unterscheiden und Kaiserfisch, Riffbarsch und Doktorfisch sicher zu bestimmen. So schnell wird man Fischexperte. Auch in anderen Regionen der Flora und Fauna arbeitet die Zoopädagogin gerne mit solch gleichermaßen einfachen wie einprägsamen Daumenregeln, etwa um auch als Laie erkennen zu können, welcher Affe von welchem Kontinent kommt. »Das kann jeder in 15 Minuten lernen«, sagt Stefanie Reska. »Und etwas eben noch Kompliziertes plötzlich verstanden zu haben, macht die meisten Menschen glücklich.«

GEGEN IHREN SCHLECHTEN RUF

Daniela Münch und die Gänsegeier

Nomen est Omen. Im Falle von Buli und Gari, den beiden jungen Gänsegeiern in der Voliere der Wilhelma, trifft diese meist scherzhaft gemeinte Redensart vollauf zu: Ihr Name ist tatsächlich ein Zeichen. Die Bestimmung der beiden Geier ist nämlich, eines Tages frei über den Bergen und Tälern Bulgariens zu kreisen. Zusammen mit anderen Jungvögeln sind sie für ein Auswilderungsprojekt ausgesucht worden – als eine Art Glücksbringer haben sie von ihren Pflegern ihre Berufung sozusagen als Namen mitbekommen.

Für Daniela Münch bedeutet das einmal mehr Abschied nehmen von einigen ihrer Schützlinge, die sie von deren Geburt an kennt. 15 Geier leben zur Zeit in der Voliere unterhalb der Bärenanlage, mit schöner Regelmäßigkeit kommen jedes Frühjahr neue Jungtiere dazu, die bisher meist an andere Zoos abgegeben worden sind, wie die Pflegerin erzählt. Sie hat sich längst angefreundet mit den mächtigen Vögeln mit der enormen Flügelspannweite, die zu ihrem Bedauern oft unter einem schlechten Ruf leiden und von vielen Besuchern verkannt und als blutrünstig gefürchtet werden. Dabei sind Geier keinesfalls gefährliche Jäger, sondern äußerst nützliche Landschaftspfleger und eine Art Gesundheitspolizei, in deren Hoheitsgebiet nichts liegen bleibt: Als Aasfresser ernähren sie sich ausschließlich von toten Tieren, die sie auch noch aus 3000 Metern Höhe sichten können.

In der Wilhelma werden die Gänsegeier überwiegend mit Küken gefüttert, mitunter bekommen sie zudem Pferdefleisch, was ihnen besonders gut zu schmecken scheint. Manche der Vögel sichern sich bei der Fütterung mutig die besten Stücke und wagen sich ganz in die Nähe der Pflegerin, andere gehen dabei um einiges vorsichtiger zu Werke. Ein bestimmte Hierarchie, wer etwa zuerst fressen darf, gibt es bei Geiern nicht, erzählt die gelernte Tierarzthelferin, die 2008 ihre Lehre in der Wilhelma begonnen hat und seit 2011 unter anderem für die Geier zuständig ist. Die Rangordnung wird einzig und allein vom Hungergefühl der Tiere bestimmt und mittels spezieller Laute und Gesten festgelegt. »Die hungrigsten Vögel haben Vortritt«, sagt Daniela Münch. Sie kennt die unterschiedlichen Persönlichkeiten ihrer Geier genau, weiß etwa, dass manche sie gerne mal anfauchen und drohend die Flügel öffnen, etwa wenn sie ein Jungtier aufziehen – was insbesondere für Geierdame Hexe gilt. Nomen est Omen.

Gänsegeier gehören zu den Greifvögeln, die ihren Lebensraum im Gebirge oder in offenen Landschaften haben. Sie ernähren sich ausschließlich von Aas. Eine Besonderheit ist, dass ihr Kopf und auch der lange Hals nur mit Daunen befiedert sind. Das hat den Vorteil, dass er beim Wühlen in den Eingeweiden weniger verschmutzt wird. Federn könnten sich beim Zurückziehen des Halses zudem verhaken und abbrechen. Charakteristisch für die Vögel ist auch ihre weiße Halskrause. Der Bestand von Gänsegeiern ist bedroht, in Mitteleuropa ist die Art bereits ausgestorben. Mit Hilfe von Auswilderungsprojekten wird versucht, die Tiere in ihren ehemals heimischen Regionen wie dem Balkan wieder anzusiedeln und den Bestand zu erhalten. Die Wilhelma beteiligt sich an diesen Artenschutzprogrammen.

EIN FALL FÜRS SPIELZIMMER

Sylvia Haigis und die Braunbären

Rashid selbst hat natürlich nicht Modell gestanden, vor mehr als hundert Jahren, aber einer seiner Stuttgarter »Verwandten«. Nach seinem Vorbild und von dessen flauschiger Erscheinung inspiriert, hatten Margarete und Richard Steiff um 1900 den ersten beweglichen Teddybären entworfen. Gesehen hatten die späteren Spielwarenfabrikanten den Braunbären im damaligen Nill'schen Tiergarten, seinerzeit einer der beliebtesten Ausflugsziele in Stuttgart. Eine Erfolgsgeschichte mit Kuschelfaktor.

Flauschig und weich sieht Rashid in seinem Pelz dann auch aus, mit zwei Metern Körperlänge und seinen mächtigen Pranken ist das Schwergewicht allerdings alles andere als ein Kuscheltier. Ein furchterregendes Raubtier, zu dem der Braunbär mitunter gemacht wird, ist er aber auch nicht, so die Tierpflegerin Sylvia Haigis. »Zufällige Begegnungen in der Natur sind meist ungefährlich«, sagt sie. Neben Rashid lebt im Wilhelma-Gehege auch noch die Bärendame Safa, beide gehören zur syrischen Unterart des Braunbären, deren Fell von allen die hellste Färbung hat. Den Besuchern zeigen sie ihren Pelz allerdings eher selten, was in der Natur der Sache liegt: Braunbären gönnen sich ausnehmend lange Ruhephasen. Fast 20 Stunden am Tag schlafen und dösen die beiden, die wenigste Zeit sind sie aktiv. »Braunbären haben einen anderen Rhythmus, sie wollen möglichst wenig Energie verschwenden«, sagt Sylvia Haigis.

Schlafen sie mal nicht, sind Rashid und Safa oft auch in ihrem »Spielzimmer« im Innenbereich der Anlage. Dort werden sie von den Tierpflegern jeden Nachmittag mit leeren Bierfässern, blauen Tonnen, Autoreifen und großen Wasserkanistern versorgt, die Rashid vorzugsweise als Luftmatratze benutzt. »Lang kann er sich im Wasser aber meist nicht darauf halten«, sagt Sylvia Haigis. Ohnehin ist Bärenmann Rashid eher der Gemütliche und Gutmütige, der für alles etwas länger braucht, etwa um Futter aus einem Kanister zu schütteln. Die kluge Safa dagegen gibt sich mitunter als ziemliche Beißzange. Zu warm, zu kalt, zu feucht. Passt ihr etwas nicht, provoziert sie gerne mal einen Streit im gemeinsamen Heim und fängt auch mit den Pflegern Stunk an. Neugierig sind sie alle beide, »wenn sich was tut, kommen sie gleich angerannt«, sagt Tierpflegerin Sylvia Haigis, die nach einem längeren Erziehungsurlaub seit 2011 in der Bärenanlage arbeitet und allen Teddyliebhabern eines versichern kann: »Braunbären fühlen sich genauso flauschig an, wie sie aussehen.«

Die Hauptverbreitungsgebiete des Syrischen Braunbären liegen im Kaukasus und im Nahen Osten. Die Tiere bevorzugen baumarme Bergregionen und andere baumlose Landschaften. Sie sind Allesfresser und ernähren sich von Beeren, Pflanzen, Wurzeln, Fleisch und Fisch, außerdem haben sie eine Vorliebe für Süßes und plündern gerne Bienenstöcke. Braunbären sind mit sehr feinen Sinnesorganen ausgestattet und können über mehrere Kilometer Nahrung wittern. Auch das Sehvermögen und das Gehör der Raubtiere sind außerordentlich gut entwickelt. In vielen Verbreitungsgebieten sind Syrische Braunbären vom Aussterben bedroht oder bereits ausgestorben, unter anderem wegen der unruhigen politischen Verhältnisse in den Regionen. Die Braunbären in der Wilhelma leben in einer Felsenanlage unterhalb des Eisbärengeheges.

Wilhelma

EIN EINGESPIELTES TEAM

Jürgen Deisenhofer und die Eisbären

Mehr als 20 Jahre sind Anton und Jürgen Deisenhofer nun schon ein Team, nach all der gemeinsamen Zeit kennen sich der Eisbärmann und der Tierpfleger in- und auswendig. Entsprechend schwer ist es zwischenzeitlich, sich gegenseitig auszutricksen, was ein beliebtes Spielchen in der Eisbärenanlage ist. Gespielt wird es von den beiden vorzugsweise dann, wenn Anton ins Innengehege soll, damit der Pfleger den Freibereich ausspritzen kann. Manchmal folgt der Eisbär dabei aufs Wort, manchmal aber auch nicht. Eröffnet Tierpfleger Deisenhofer das Spiel mit dem Futtertrick, kontert Eisbär Anton den Versuch, ihn nach innen zu locken, beispielsweise mit dem gestreckten Bein. Dabei macht er sich so lang er nur kann und lässt mit Absicht den Hinterfuß in der Schwelle stehen, damit der Pfleger die Türe nicht herunterlassen kann, während er sich den Leckerbissen schnappt. »Anton ist ziemlich dickköpfig und will oft seinen Willen durchsetzen«, sagt Deisenhofer über seinen langjährigen »Spielkameraden«.

In all den Jahren hat der Tierpfleger ihn aber auch auch als lernfähig und intelligent kennengelernt, dazu ist Anton, der im Zoo Karlsruhe von Hand aufgezogen wurde, ein echter Kraftprotz. Das führt er etwa eindrucksvoll vor, wenn er die blaue Regentonne lockerleicht mit dem Eckzahn vom Grund des Beckens nach oben zieht – mit 200 Liter Wasser darin. Bärenstark. Direkte Begegnungen sind schon deshalb nicht ratsam. »Eisbären würden keine Gelegenheit auslassen, das sind echte Jäger«, sagt Deisenhofer, der in seinem Revier schon seit mehr als 40 Jahren mit allen möglichen Bären arbeitet, etwa auch mit Braunbären und Brillenbären.

Die Eisbären sind dabei nicht nur die mächtigsten Vertreter ihrer Art, sondern mit großem Abstand auch am verspieltesten, weiß Deisenhofer, der seinen Anton und dessen Partnerin Corinna außer mit der üblichen Futtersuche daher ständig auch mit Plastikeimern, Lastwagenreifen, dicken Holzästen und anderen Spielsachen beschäftigt, die sie ihrem Instinkt folgend »erlegen« können. Beschäftigt sind die Tiere zudem auch mit sich selbst: acht, neun Monate im Jahr vertragen sich der Eisbärmann und das Weibchen so gut, dass sie sich ein Gehege teilen können. Ein Ergebnis der gemeinsamen Zeit ist der Eisbärjunge Wilbär, der im Dezember 2007 geboren wurde und zwischenzeitlich im schwedischen Orsa-Park lebt. Ein seltener Glücksfall, wie Deisenhofer sagt – bei dem auch der dickköpfige Anton mitgespielt hat.

Eisbären sind in den nördlichen Polarregionen der Arktis verbreitet. Ihr Bestand wird auf 25 000 Tiere geschätzt und als gefährdet geführt. Sie gehören zu den Raubtieren und ernähren sich überwiegend von Robbenfleisch. Ein ausgewachsener Eisbär kann bis zu 900 Kilogramm schwer werden, ein Weibchen etwa 300 Kilogramm. Trächtige Eisbärinnen graben durch Eis und Schnee einen bis zu fünf Meter langen Gang mit einer Höhle, in der sie bis zu vier Junge zur Welt bringen. Die Jungbären sind bei der Geburt noch blind und taub, kaum behaart und nicht größer als Meerschweinchen. In der Bärenanlage der Wilhelma, die 1991 eröffnet wurde, leben Anton und Weibchen Corinna. Ihr Becken fasst eine Million Liter Wasser, das einmal im Jahr zur Reinigung der Anlage abgelassen werden muss. Anschließend dauert es eine Woche, bis das Becken wieder vollgelaufen ist.

Das **Alpaka** ist eine Haustierart, die vermutlich schon um 3000 v. Chr. von den Inkas zur Gewinnung der Wolle gezüchtet wurde. Genetische Untersuchungen deuten darauf hin, dass das Alpaka vom Vicugna abstammt, von denen die Wilhelma ebenfalls eine kleine Herde auf der Anlage gegenüber des Mammutwäldchens hält. Dank ihres friedlichen Charakters werden die Haustiere in Deutschland für tiergestützte Therapien eingesetzt. Alpakas sind wie alle Kamele soziale Tiere und fühlen sich in größeren Gruppen am wohlsten. Sie sind Pflanzenfresser und ernähren sich von Gräsern und Kräutern. Das Weibchen bringt nach 340 bis 350Tagen ein Jungtier zur Welt, das sechs bis acht Monate gesäugt wird. In der Wilhelma werden in der Regel pro Jahr vier Fohlen geboren. Auf der Südamerikaanlage lebt eine Herde mit bis zu 20 Tieren.

FELLE FÜR ALLE FÄLLE

Karina Maurer und die Alpakas

Mit dem ersten Alpakafohlen, bei dem Karina Maurer sich als Geburtshelferin betätigt hat, verbindet sie noch heute ein besonderes Band. Die dunkelbraune Schönheit hat den Namen Karina bekommen, so wie sie selbst, weil es ihr erster Nachwuchs als verantwortliche Tierpflegerin war. Viele weitere Jungtiere sind seither gefolgt. Ihre Karina, zwischenzeitlich längst eine stattliche Stute und mehrfache Mutter, bleibt dennoch eine Ausnahmeerscheinung. »Ein ganz spezielles Erlebnis«, sagt sie. Die Tierpflegerin ist unter anderem für die Südamerikaanlage zuständig, in der Alpakas, Nandus, Maras, Ameisenbären und zeitweise auch Pekaris zusammen gehalten werden. »Diese Mischung sorgt für Unterhaltung«, erklärt sie, »auch wenn es zwischendurch mal Zoff in der Wohngemeinschaft gibt.«

Die dominante Erscheinung im Gehege sind eindeutig die Alpakas, die von den Besuchern vor allem für ihr Fell bewundert werden, das in der Wilhelma in fast allen Nuancen vorgeführt wird. Dunkelbraun, weiß, silbergrau, beige, schwarz, grau-weiß-rosé. »Wir wollen möglichst viele Farbtöne zeigen«, sagt die Tierpflegerin, die seit 1995 in der Wilhelma arbeitet. Klimpert sie mit ihrem großen Schlüsselbund, kommt gleich die ganze Sippe angetrabt. »Alpakas sind ziemlich neugierige Tiere«, erzählt Karina Maurer. Haben sie die Ohren angelegt, was meist der Fall ist, sind sie entspannt. Die sensiblen Tiere können aber durchaus auch stinkig werden und spucken, wenn ihnen etwas nicht passt. Dabei sind die Frauen sozusagen unter sich: In der Herde leben ausschließlich Stuten mit jeweils einigen wenigen Fohlen.

Der schlichte Grund dafür: »Wir wollen nur einmal im Jahr Nachwuchs in der Anlage«, erklärt Karina Maurer. Neben eigenen Hengsten kommen dabei je nach Farbwunsch auch eigens aus Peru importierte Tiere oder Hengste anderer Züchter zum Einsatz. Einmal im Jahr, im April oder Mai, werden die Tiere von den Pflegern geschoren – allerdings nicht, um die begehrte Wolle verkaufen zu können. Den Haustieren, die perfekt an die kalten Hochgebirgsregionen der Anden angepasst sind, würde es im mitteleuropäischen Hochsommer einfach viel zu warm werden. Ein Alpaka liefert pro Sommerschnitt vier bis fünf Kilogramm Wolle, die zahlreiche Abnehmer in der Wilhelma hat: Die Menschenaffen und Raubtiere bekommen sie zum Spielen, die Greifvögel, etwa die Bartgeier, nutzen sie als Nistmaterial und in der Wilhelmaschule können Kinder damit basteln.

Große **Ameisenbären** sind Einzelgänger, die unterschiedliche Lebensräume Südamerikas bewohnen, darunter Savannen, Sümpfe und Regenwälder. Sie können gut schwimmen und sogar auf Bäume klettern. Mit seinen ausklappbaren Klauen an den Vorderfüßen kann das Tier Ameisennester und Termitenbauten öffnen. Der Tagesbedarf liegt bei etwa 35 000 Termiten oder Ameisen, wobei die Nester nie ganz zerstört werden, damit sich das Insektenvolk weiter fortpflanzen kann und die Nahrungsquelle gesichert ist. Vor den Bissen der Beutetiere wird der Ameisenbär durch sein dichtes Fell geschützt. Da er keine Zähne hat, werden die Insekten im Magen zerrieben. Augen und Ohren dieser Tiere sind klein, der Geruchssinn dagegen sehr gut entwickelt. In der Wilhelma hat der Ameisenbär, der als gefährdet eingestuft ist, sein Gehege gegenüber der Bärenanlage.

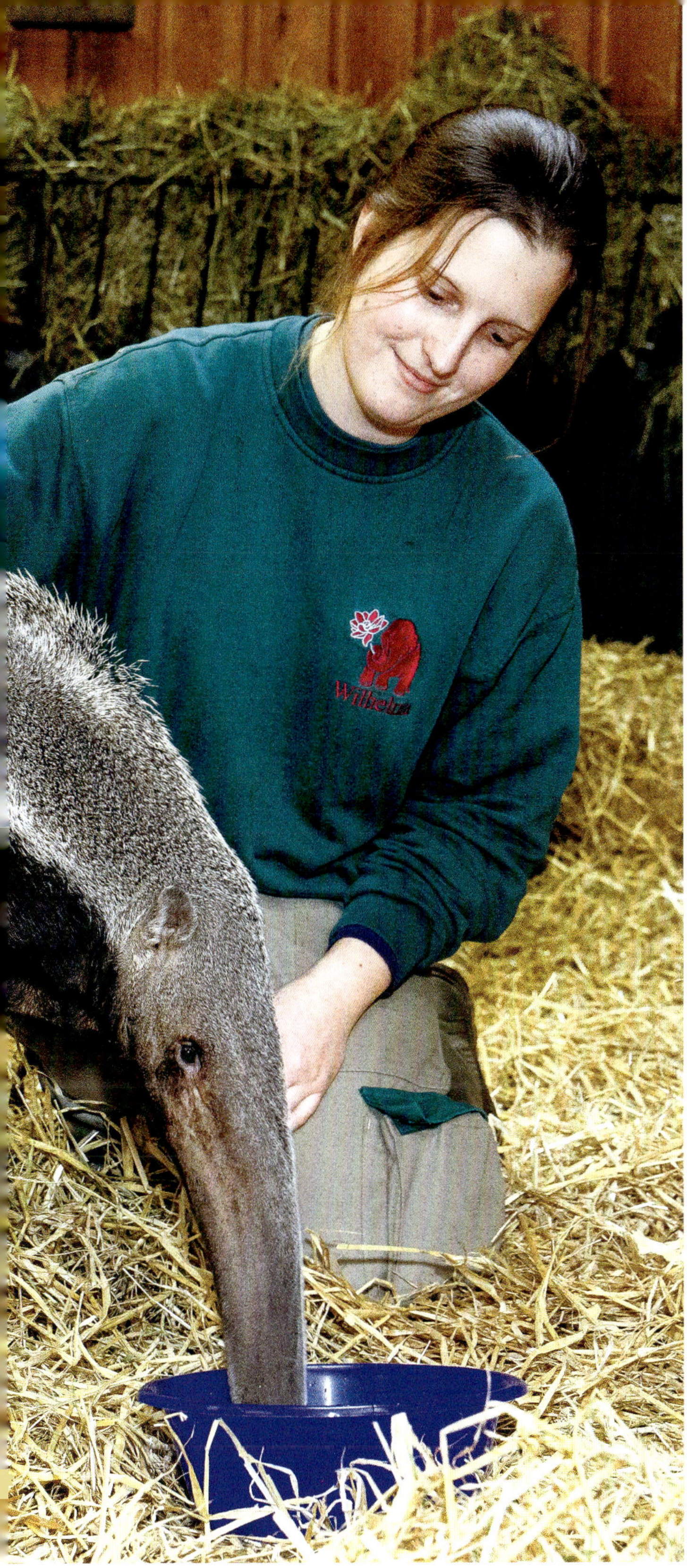

LECKEREIEN VON NEBENAN

Michaela Gaum und die Ameisenbärin

Wenn sie früh morgens ausführlich gähnt, zeigt Daniela ihr bestes Stück in voller Pracht. Bis zum Boden hängt ihre Zunge dann, die einen halben Meter und länger werden kann und ziemlich praktisch ist, um Termiten und Ameisen aufzuschlecken. In ihrem Gehege in der Südamerikaanlage steckt die verspielte Ameisenbärin ihre rüsselförmige Schnauze aber eher in Kartons oder Gummistiefel, in denen sie mit ihrem ausgeprägten Sinnesorgan stundenlang schnüffeln kann. Noch lieber ist es ihr, wenn sie von Michaela Gaum über den Rücken gestreichelt oder am Bauch gekrault wird. »Wenn sie ihre Streicheleinheiten braucht, kommt sie von selber angelaufen und zeigt es«, erzählt die Tierpflegerin.

Die Ameisenbärin ist ein sehr ausgeglichenes und ruhiges Tier, das auf die vertraute Stimme ihrer Pflegerin reagiert. Gleichzeitig kann sie aber auch sehr schreckhaft und sensibel sein, weshalb Michaela Gaum beim direkten Kontakt zu ihr immer auch behutsam vorgehen muss. Große Ameisenbären haben an den Vorderfüßen jeweils vier messerscharfe Krallen, die Werkzeug und Waffe gleichermaßen sind. Einerseits können die Tiere damit die betonharten Termitenbauten aufbrechen. Zur Not schlitzen sie mit den Klauen aber auch ausgewachsene Pumas auf. Seit ihrer Ankunft in der Wilhelma im Jahr 2004 hat sich die Ameisenbärin aber vor allem als fürsorgliche Mutter gezeigt, die hier insgesamt fünf Jungtiere großgezogen hat. »Wenn sie trächtig ist, wird sie noch anhänglicher«, sagt Michaela Gaum. Gleich nach der Geburt krabbelt das Ameisenbär-Baby auf den Rücken der Mutter, auf dem es bis zu neun Monate umhergetragen wird – ein süßer Blickfang für Besucher und Tierpfleger gleichermaßen.

Zum Frühstück bekommt Daniela einen aufwändigen Brei aus Bananen, Sonnenblumenkernen, Heilerde, Fencheltee, Mineralzusätzen, Eiern, Katzenfutter und Pferdehackfleisch, der morgens im Mixer verrührt wird. Wegen dieser speziellen Ernährung war es lange Zeit sehr schwer, Ameisenbären in Zoos zu halten. »Wir haben lange probiert, bis es gepasst hat«, sagt Michaela Gaum, die seit 2006 in der Wilhelma arbeitet. Alle zwei Wochen gibt es einen ganz besonderen Leckerbissen, der direkt nebenan im Gehege der südamerikanischen Laufvögel frisch gelegt wird: Ein riesiges Nandu-Ei, das Daniela nicht nur ziemlich gut schmeckt, sondern sie auch eine Weile beschäftigt. Zuerst bohrt sie mit ihren scharfen Krallen ein Loch in die dicke Schale – dann kommt ihre lange Zunge zum Einsatz.

KÖNIGLICHE PRACHT

Wie die Wilhelma zum Blühen gebracht wird

Sie stehen hier schon seit Königs Zeiten: die beiden Ginkgos, die direkt am historischen Wintergarten links und rechts des Weges ein prachtvolles Baumtor in den Park bilden. Mehr als 150 Jahre alt sind die beiden knorrigen Fächertannen, die hier einst nach den Plänen des Architekten Karl Ludwig von Zanth gepflanzt worden sind und damit noch zur ersten Baumgeneration der Wilhelma gehören. Ihr Standort markiert den Eingang zum ehemals königlichen Wintergarten, den Wilhelm I. von Württemberg um das Jahr 1850 unterhalb von seinem Schloss Rosenstein anlegen ließ. Der Wintergarten gehörte zu einem »Badhaus« in den königlichen Anlagen, das zusammen mit anderen Gebäuden, Gewächshäusern und dem Belvedere, einem kleinen Pavillon oberhalb der Subtropenterrassen, im maurischen Stil gebaut worden war – womit die Geschichte der Stuttgarter Wilhelma einst begonnen hat.

Zu den botanischen Schätzen der Wilhelma gehört auch eine umfangreiche Kakteensammlung, um die sich unter anderem Jürgen Rühle kümmert.

Mit ihrem in der Pflanzenwelt wohl einmaligem Laub, das sich im Herbst leuchtend gelb färbt, gehören die Ginkgos zu den schönsten Hinterlassenschaften König Wilhelms, der leidenschaftlich gern botanische Besonderheiten aus aller Herren Länder sammelte. Sehenswerte Baumpersönlichkeiten mit historischer Vergangenheit gibt es aber noch etliche mehr in dem Park. Einer, der ihre Geschichte genau kennt und immer wieder erzählt, ist Micha Sonnenfroh, der seit 2008 den Fachbereich Parkpflege der Wilhelma leitet. Immer wieder führt der Garten- und Landschaftsarchitekt Besuchergruppen zu einigen markanten Vertretern, wie etwa der alten Platane am Flamingogehege, die mit ihren mehr als zwei Metern Stammumfang der wohl mächtigste Baum in dem Botanischen Garten ist. Auch sie stammt noch aus der Gründungszeit der Wilhelma, genauso wie das Mammutbaumwäldchen an der Grenze zum Rosensteinpark oder die teils 150 Jahre alten Magnolien im Maurischen Garten. Insgesamt stehen heute auf dem 30 Hektar großen Gelände rund 1600 Bäume in 160 heimischen und exotischen Arten, die im Wechsel der Jahreszeiten das Bild des Parks prägen. Einige von ihnen müssen von den knapp 70 Mitarbeitern der Parkpflege besonders intensiv betreut werden. »Wir wollen den historischen Bestand bestmöglich erhalten und gleichzeitig weiterentwickeln«, sagt Micha Sonnenfroh. So müssen beispielsweise immer wieder im Magnolienhain mit seinen rund 70 Exemplaren Bäume nachgepflanzt und Standorte optimiert werden. Zudem liegt es auch in der Verantwortung von Sonnenfroh und seinem Team, die geschichtsträchtigen Baumpersönlichkeiten bekannt zu machen, etwa mit Infotafeln für die Besucher. »Wir wollen die historischen Bereiche noch mehr herausarbeiten.«

Im Seerosenteich werden in jedem Frühjahr 71 der tropischen Pflanzen „zu Wasser gelassen".

Auch vor dem Maurischen Landhaus blüht es vom Frühjahr an in allen Farben.

Der Leiter des Botanikbereichs, Björn Schäfer, will echte Lebensräume nachbilden, etwa einen Teil der mexikanischen Sonora-Wüste.

Zusätzlich ist das Team aus Garten- und Landschaftsarchitekten, Ingenieuren, Gärtnern und Baumpflegern noch für die landeseigenen Flächen in Stuttgart zuständig, wie etwa dem angrenzenden Rosensteinpark, der ehemals historischen Gartenanlage von Schloss Solitude, der Grabkapelle auf dem Württemberg, dem Stuttgarter Schlossgarten oder auch dem knapp drei Hektar großen Garten der Villa Reitzenstein, dem Sitz des Staatsministeriums. Insgesamt müssen außerhalb der Wilhelma etwa hundert Anlagen mit rund 13 000 Bäumen gepflegt werden, dazu gehören etwa Arbeiten wie die Erneuerung eines Biotops im Villengarten des Staatsministeriums oder die Sanierung eines Bachlaufs im Unteren Schlossgarten. Viel Zeit verbringen die Parkpfleger aber in der Wilhelma selbst, dem wohl einzigen Zoo weltweit, der in historischer Kulisse einer denkmalgeschützten Parkanlage zusätzlich eine schier unendliche Vielfalt an Pflanzen ausstellt. Berühmt ist etwa die umfangreiche Fuchsiensammlung der Wilhelma, die rund 260 Sorten umfasst, so Björn Schäfer. Der Leiter der Botanikabteilung hat sämtliche Pflanzen der Wilhelma in mühevoller

Kurz vor der Blüte sind Magnolienknospen empfindlich gegen Frost.

Ihre ganze Pracht entfalten die Magnolien meist zur Osterzeit.

Kleinarbeit nach Herkunft und Art in einer Datenbank erfasst. »Jetzt wissen wir genau, was in unseren Häusern wächst und woher wir die Pflanzen haben«, sagt er.

Einige der kostbaren Exemplare in den Pflanzenhäusern und Wintergärten stammen ebenfalls noch aus Zeiten König Wilhelms I., sind also 160 Jahre und älter. Zu diesen botanischen Raritäten gehört etwa ein Teil der Azaleensammlung, den man sonst kaum noch finden kann. Aus diesem Grund ist die Wilhelma Mitglied der Deutschen Genbank Rhododendron, deren Ziel es ist, alte Arten und Sorten vor dem Aussterben zu bewahren. Da die Pflanzen altern und das Überleben der ältesten Sorten ohne Verjüngung kaum mehr gesichert werden kann, so Björn Schäfer, müssen die historischen Exemplare aufwändig vermehrt werden. Dazu werden den Altpflanzen teilungsfähige Zellen entnommen, die sich nach einer speziellen Behandlung über sogenannte Meristemkulturen zu Jungpflanzen entwickeln. Hundertsechzigjährige Kostbarkeiten finden sich zudem auch im Kamelienhaus, in dem es je nach Jahreszeit verschiedenartig blüht. Von Oktober bis Mitte Mai werden hier rund 150 verschiedene Arten und Sorten von Kamelien gezeigt, die mit den Azaleen zu den ältesten Sammlungen der Wilhelma überhaupt gehören: Viele der großen Exemplare hat König Wilhelm I. einst selbst noch bewundert. Die fernöstlichen Schönheiten, die zur Familie der Teestrauchgewächse gehören, haben ihre Hauptblüte mitten im Winter, vor allem im Januar und Februar. Ist die Kamelienblüte in Rosa, Rot und Weiß nach den Eisheiligen wieder vorbei, werden die Sträucher hinaus ins Freie gebracht. Stattdessen werden von den Gärtnern im Haus dann die Fuchsien gesetzt, deren Blütenglöckchen zu Abertausenden von Anfang Juni bis hinein in den Herbst geöffnet sind.

Ein weiterer botanischer Schwerpunkt der Wilhelma sind die Orchideen, deren Kultivierung hohe Anforderungen an jeden Gärtner stellt. Rund 5000 Pflanzen aus fast tausend Arten und 300 Sorten werden von der Botanikabteilung insgesamt kultiviert, in zwei Schauvitrinen werden den Besuchern jeweils jene Exemplare vorgeführt, die gerade am schönsten blühen. Ohnehin verfolgt die Wilhelma bei der Präsentation ihrer rund 7000 Pflanzenarten und -sorten zwei verschiedene Philosophien gleichzeitig, wie Chefbotaniker Björn Schäfer erklärt. Einerseits werden in den verschiedenen Häusern nach dem Schaukastenprinzip eine große Auswahl schöner Pflanzen ausgestellt, etwa die historischen Sammlungen an Bromelien, Azaleen oder Kamelien, die fleischfressenden Pflanzen oder auch die verschiedenen tropischen Baumfarne. Andererseits werden auch zunehmend echte Lebensräume nach dem Vorbild der Natur geschaffen. Ein Beispiel dafür ist unter anderem das Kakteenkuppelhaus, in dem langfristig ausschließlich Pflanzen aus der mexikanischen Sonora-Wüste gezeigt werden, von den großen Säulenkakteen bis zu den typisch duftenden Kreosotbüschen. Und auch die tropischen Nutzpflanzen, also Kaffeesträucher, Kakaobäume oder Ananas-, Maniok- und Baumwollpflanzen, sollen künftig nach diesem Prinzip ausgestellt werden. Björn Schäfer stellt sich dabei eine Art Kleinbauerngarten vor, wie er in den tropischen Regionen zu finden ist. »Die Besucher sollen an frisch gefüllten Körben mit Vanille, Baumwolle oder Kakao vorbeilaufen und sich so fühlen«, sagt Schäfer, »als ob gerade geerntet wird.«

In voller Blüte stehen die Magnolienbäume im Maurischen Garten nur wenige Tage.

ÜBER ALLEN WIPFELN

Bastian Donderer und die Mammutbäume

Eines muss Bastian Donderer bei seiner Arbeit auf jeden Fall sein: absolut schwindelfrei. Jedes Jahr im Spätwinter fährt der Landschaftsgärtner auf einer Hebebühne hinauf bis in die Wipfel der Mammutbäume, um in knapp 30 Metern Höhe das abgestorbene Holz herauszuschneiden und die Baumriesen bis in ihre Spitzen hinein zu kontrollieren. Regelmäßig ausgeschnitten werden müssen die teils armdicken Äste vor allem aus Sicherheitsgründen, damit nichts auf die Besucher herabfällt. Zudem muss der Baumpflegespezialist immer wieder auch nach heftigen Stürmen oder bei starker Schneelast hoch droben nach dem Rechten schauen.

Etwa 70 solcher Mammutbäume stehen auf dem Gelände der Wilhelma, die ältesten davon stammen noch aus Zeiten König Wilhelms I. Der hatte im Jahr 1864 ein ganzes Pfund Mammutbaumsamen kaufen und aussäen lassen, wobei die Hofgärtner damals offenbar nicht bedacht hatten, dass der größte aller Bäume aus ungewöhnlich kleinen Samen sprießt, wie Bastian Donderer erzählt. Die Hälfte der insgesamt 4000 Sämlinge wurde seinerzeit daher in ganz Württemberg verteilt, wo sie teilweise noch heute in den Himmel wachsen. Eine der größten Ansammlungen der mächtigen Baumriesen ist nun das Mammutwäldchen in der Wilhelma, das bei vielen Besuchern sehr beliebt ist, so der Landschaftsgärtner, der mit einer Unterbrechung für eine Ausbildung zum Techniker seit 2002 in dem Zoologisch-Botanischen Garten arbeitet. So haben die Wilhelma-Besucher etwa immer wieder ihren Spaß daran, die dicksten der Baumstämme zu umarmen, wofür je nach Alter drei, sechs oder mehr Kinder oder Erwachsene nötig sind.

Einige wenige Bäume haben die Wilhelma-Gärtner in den vergangenen Jahren aus eigenen Samen nachgezogen und in dem Wäldchen ausgepflanzt, zwischenzeitlich sind diese Exemplare immerhin auch schon bis zu zwölf Meter hoch. Um richtig groß zu werden, also 80 Meter und höher, brauchen Mammutbäume ein feuchtes Gebiet unter den Wurzeln und eine hohe Luftfeuchtigkeit, so der Landschaftsgärtner, der die sensiblen Riesen daher an heißen Tagen ausgiebig wässern muss. Insgesamt hat Bastian Donderer auf dem Wilhelma-Gelände knapp 2000 Bäume aller Art unter seiner Obhut. Um allein deren Vitalität zu kontrollieren und nach abgestorbenen Ästen zu suchen, ist er mindestens zwei Wochen lang jeden Morgen unterwegs. In den meisten Fällen reicht dafür ein Blick von unten. Bei den Baumgiganten muss er dazu schon hoch hinauf.

Mammutbäume gab es schon vor 65 Millionen Jahren und waren bis zur letzten Eiszeit auf allen Kontinenten verbreitet. Sie gehören zur Familie der Sumpfzypressengewächse und werden in drei Gattungen unterteilt: Küsten-Mammutbaum (Sequoia sempervirens), Urwelt-Mammutbaum (Metasequoia glyptostroboides) und Riesen-Mammutbaum (Sequoiadendron giganteum), der in großer Zahl im Park der Wilhelma wächst. Allein im Mammutwäldchen stehen 53 Bäume mit einer Höhe von teilweise über 30 Metern. Der natürliche Lebensraum sind die Westhänge der Sierra Nevada in Kalifornien. Auffällig sind die schuppenförmig anliegenden Nadelblätter und der konisch zulaufende Stamm. Die Borke kann bis zu 70 Zentimeter dick werden und bildet so einen Schutzmantel gegen Waldbrände. Auch die kleinen eiförmigen Zapfen sind weitgehend feuerbeständig.

VERWIRRENDE STREIFEN

Wolfgang Rupp und die Grévy-Zebras

Zu lange sollte man Zebradame Lady nicht ansehen, sonst verschwimmt einem ihr dichtes Streifenmuster schon mal vor den Augen. Ein Flimmern in Schwarz-Weiß. Und eines der Wunder der Natur. Einerseits gehören Zebras mit ihrem Streifenkleid zu den auffälligsten Tieren in Afrika, gleichzeitig verhilft es ihnen aber zu einer perfekten Tarnung vor Feinden, etwa Löwen, die Zebras zum Fressen gern haben. Und das funktioniert so: In der flimmernden Hitze der afrikanischen Savanne verschwimmen ihre Streifen in der Ferne – und die Zebras lösen sich im Hintergrund auf. Verwirrend sind die Streifen zudem auch für die Tsetsefliege, die mit ihren Facettenaugen nicht erkennen kann, wo das Zebra anfängt und wo es aufhört, weshalb sie eher selten dort landet. Eine extravagante Mode, die auch noch praktisch ist.

Tierpfleger Wolfgang Rupp sieht schon seit drei Jahrzehnten schwarz-weiß, woran er seinerseits die Grévy-Zebras bestens unterscheiden kann. Leitstute Lady etwa, die in einem tschechischen Zoo geboren wurde und in der Wilhelma mehrfach Nachwuchs bekommen hat, trägt einen schwungvollen Haken auf der Brust. »Jedes Streifenmuster ist anders, genau wie ein Fingerabdruck beim Menschen«, erklärt der Tierpfleger. Vollkommen unterschiedlich sind die Herdentiere zudem auch im Charakter. Die dominante Lady etwa kommt zwar gleich angetrabt, wenn es darum geht, vom Pfleger gestreichelt zu werden. Gleichzeitig ist sie aber auch »mit Vorsicht zu genießen«, wie Rupp sagt. »Sie kann sehr launisch sein und auch mal ausschlagen, wenn ihr etwas nicht passt.«

Neben Lady gehören noch die Stuten Leonie, Sissi und Nele zur Herde der Wilhelma, außerdem noch die beiden Hengste Hakon und Harry. Bis zu 430 Kilogramm bringt ein ausgewachsenes Grévy-Zebra auf die Waage, genau wie Pferde sind auch sie Fluchttiere und ziemlich scheu. »Wenn etwas ist, bringen sie sich erst einmal in ausreichendem Abstand in Sicherheit«, sagt Tierpfleger Rupp, der sich zwischen seinen Zebras daher stets ruhig und langsam bewegt, sich ihnen immer von vorne nähert. Oft reicht ein lautes oder unbedachtes Geräusch, um sie zu erschrecken, wobei sich die Tiere an die Zoobesucher und die ständige Lärmkulisse gewöhnt haben, so Rupp. Bricht dennoch einmal Unruhe in der Herde aus, gelingt es dem Pfleger meist schnell, die sensiblen Wildtiere mit seiner vertrauten Stimme zu beruhigen, sie in ihrem Temperament zu bremsen, wie er sagt. Schließlich kennt er seine Schützlinge ganz genau – Streifen für Streifen sozusagen.

Das **Grévy-Zebra** ist mit bis zu drei Metern Länge und einer Schulterhöhe von bis zu 1,50 Meter das größte der heute lebenden Zebras. Die Art ist nach dem ehemaligen französischen Präsidenten Jules Grévy benannt, dem der äthiopische Kaiser Negus Menelik von Abessinien 1882 ein Exemplar der bis dahin unbekannten Art zum Geschenk machte. Grévy-Zebras leben vorrangig in der Halbwüste und Trockensavanne, ihr Verbreitungsgebiet ist das nordöstliche Afrika, vor allem Äthiopien und Nordkenia. Sie bilden ortsfeste Territorien, die von einem Hengst besetzt und verteidigt werden. Zu dem Hengst gesellen sich Weibchen und Jungtiere. Unverpaarte Weibchen bilden eigene Gruppen ohne territoriale Bindung. In der Wilhelma wird diese seltene Art, deren Bestand als stark gefährdet gilt, mit Erfolg seit 1958 gezüchtet.

BRUMMELN NACH ART DES HAUSES

Margot Federer und die Gorillababys

Um ihren Arbeitsplatz wird Margot Federer von vielen beneidet: mittendrin im Affenkindergarten, als Ersatzmutter von tapsigen Gorillakindern. Ein Vergnügen der besonderen Art, wie die Tierpflegerin selber findet. Zu ihren Aufgaben gehört, mit ihren Schützlingen zu spielen und zu schmusen, ihnen das Fläschchen zu geben, sie zu wickeln und in ihr Gitterbett zu legen, zusammen mit ihrem Stofftier und einem Kuscheltuch. »Die Jungtiere brauchen am Anfang sehr viel Körperkontakt«, sagt Margot Federer.

Mehr als 50 Gorillababys hat die Tierpflegerin schon mit großgezogen, am meisten gelernt hat sie dabei von den Affen selbst. Etwa, sich auf Gorillaart zu unterhalten. Brummeln die Tiere, weiß Margot Federer, dass sie sich freuen – dann brummelt sie zurück. Wird gehustet, ist dies dagegen als Warnung zu verstehen. Übertreibt es eines der Gorillakinder beim Spielen, wird es von ihr daher auch mit einem Huster verwarnt, was meistens schon reicht. Falls nicht, schaut sie den Rabauken mit starrem Blick an. »Es gibt viele Möglichkeiten, mit Gorillas zu kommunizieren«, sagt sie.

Gelernt hat die Pflegerin auch, dass schon die Babys ganz unterschiedliche Persönlichkeiten haben. Die kleine Vana ist die sensible Prinzessin, die bei Fremden schnell ängstlich wird. Tebogo ist aufgeschlossen und mutig, Tano verträumt und Okanda verschmust und verfressen. Alle vier zusammen sind mitunter ganz schön anstrengend für die Pfleger, doch genau das gemeinsame Aufwachsen und der frühe Kontakt zu älteren und erwachsenen Tieren ist bei der Handaufzucht enorm wichtig. Sonst wird es später schwierig, sie in eine Gruppe zu integrieren, weiß Margot Federer.

Die Pflegerin arbeitet seit 1985 in der Wilhelma, vom ersten Tag an hatte die Tochter eines Schäfers dabei mit Affen zu tun. In Ruanda konnte sie 2011 Berggorillas sogar in freier Wildbahn beobachten. Ein Gänsehauterlebnis, wie sie sagt: »Wenn ein imposanter Silberrücken direkt vor einem sitzt, vergisst man diesen Augenblick sein Leben lang nicht.« Das gilt natürlich auch für den Gorillanachwuchs im Affenkindergarten, der in den ersten Monaten im Zweischichtbetrieb rund um die Uhr betreut werden muss. Mit dreieinhalb Jahren werden die Jungtiere an andere Zoos abgegeben, zur Eingewöhnung geht eine vertraute Pflegerin ein paar Tage mit. Jede Trennung ist schmerzhaft, mit jedem neuen Gorillababy geht die Arbeit für Margot Federer aber von vorne los. Etwas anderes kann und will sie sich auch nicht vorstellen, wie sie sagt: »Einmal Affen, immer Affen.«

Die Wilhelma ist seit den 1980er-Jahren die Anlaufstelle für Affenkinder aus Zoos in ganz Europa. In der internationalen Aufzuchtstation landeten früher Jungtiere aller vier Menschenaffenarten, die von ihren Müttern verstoßen und ungenügend versorgt wurden. Seit 2005 ist der Affenkindergarten ganz auf Gorillas spezialisiert. Den Grundstein hat die Tierpflegerin Gundi Scharpf gelegt, die Menschenaffenkinder neben ihren Töchtern in der eigenen Wohnung aufgezogen hat. Bisher wurden in der Aufzuchtstation alleine 60 Gorillababys aufgenommen. Ziel dabei ist es, die Affenkinder später in funktionierende Gruppen zu integrieren. Die nötigen Verhaltensweisen dafür sollen die Kleinen im Affenkindergarten durch den spielerischen Umgang mit Altersgenossen und den ständigen Kontakt zu den Familiengruppen in direkter Nachbarschaft lernen.

SEX STATT STREIT

Lesley Kirchner und die Bonobos

Nein, das sind keine Schimpansen! Die umtriebigen Bewohner der Menschenaffenanlage vorzustellen, gehört für Lesley Kirchner zur täglichen Arbeit. Die Besucher halten sie meist für eine Schimpansenfamilie, in Wahrheit sind es aber Bonobos. Selten in Zoos zu sehen und oft verkannt, ist es ausgerechnet diese Primatenart, die dem Menschen am nächsten steht. »Sie haben ein besonders intensives Verhältnis zu uns«, sagt die Tierpflegerin. Schaut man genau hin, ist es nicht schwer, sie zu unterscheiden. Zum einen sind Bonobos zierlicher, zudem haben sie ein dunkles Gesicht, einen Backenbart und rosarote Lippen. Vor allem aber pflegen sie ein gänzlich anderes Sozialsystem, das sie von allen anderen Menschenaffen unterscheidet: Sie leben in einem Matriarchat, was heißt, dass die Weibchen das Sagen haben.

Beobachten lässt sich das morgens, wenn Joghurt in die Stocherbüchsen gefüllt wird. Stets sind es die Frauen, von den Chefinnen Kombote und Hermien angefangen, die als Erste mit ihren Stöckchen darin angeln. Die Männer müssen geduldig warten. Gibt es Streit zwischen aufstrebenden Weibchen, bekommen hinterher die Männer den Frust der Unterlegenen zu spüren. »Bonobojungs haben kein leichtes Leben«, sagt Lesley Kirchner, die seit Ende 2010 Pflegerin in der Wilhelma ist. Auf der Schwäbischen Alb mit Tieren aller Art aufgewachsen, wollte sie schon immer mit Menschenaffen arbeiten. Die Bonobos hat sie besonders ins Herz geschlossen. »Das sind aufgeschlossene und intelligente Tiere, die immer Kontakt suchen.« Sobald sie morgens die Schlüssel der Pfleger hören, kommen sie angeflitzt und stoßen kleine Freudenschreie aus. Manche stecken die Finger durch das Gitter und lassen sich kitzeln. Natürlich dauert es, solch ein Vertrauensverhältnis aufzubauen. Bonobofrau Liboso etwa war anfangs sehr zurückhaltend, heute macht sie am Gitter einen Kopfstand und lässt sich den Rücken kraulen.

An den Bonobos kommt kein Besucher vorbei, zumal sie kaum zu überhören sind: Sie kommunizieren durch Schreie, die in ihrer Lautstärke alles übertreffen. Gleichzeitig sind die wenig erforschten Tiere weit friedlicher als etwa Schimpansen. Für Forscher faszinierend ist dabei, dass Spannungen, etwa Streit um Futter, durch Sex abgebaut werden. Unter anderem reiben die Tiere ihre Genitalien aneinander. Dabei, so erzählt Lesley Kirchner, schauen sich die Partner in die Augen. Auch das ist ein besonderer Unterschied.

Der **Bonobo** ist eine Primatenart aus der Familie der Menschenaffen. In freier Wildbahn kommen Bonobos nur in der Regenwald-Region der Demokratischen Republik Kongo vor. Sie leben in Gruppen von bis zu 100 Tieren, die sich oft aufteilen und wieder zusammenfinden (Fission-fusion-System). Jungtiere kommen nach einer Tragzeit von acht Monaten zur Welt. Bonobos fressen Früchte, Blätter, Honig, Insekten und Würmer, jagen aber auch kleine Antilopen und Affen. Ihr Bestand ist stark bedroht durch Wilderei, Bushmeat-Handel, Abholzung des Regenwalds und die Folgen des Bürgerkriegs. Schätzungen gehen von 5000 bis 20 000 Tieren aus. Die Gruppe der Wilhelma, die in zwei Gehegen lebt, gehört mit derzeit 13 Tieren zu den größten in einem Zoo. Mit bisher 25 Jungtieren ist die Wilhelma einer der erfolgreichsten Zoos bei der Nachzucht.

WUNDER AUS DER WÜSTE

Magda Suß und die Trampeltiere

Christina, Chiara und Renate sind die Exoten auf dem Schaubauernhof und für jede Rate-Show gut: Stimmt es, dass Kamele in ihren Höckern Wasser speichern? Und wie viele Höcker hat ein Kamel eigentlich? Besuchern der Wilhelma die wunderbare Welt dieser Wüstenbewohner zu erklären, gehört so selbstverständlich zur Arbeit von Magda Suß, wie die gelegentlichen Kuscheleinheiten mit den drei langbeinigen Kameldamen, die allesamt zwei Höcker auf dem Rücken haben, also eindeutig Trampeltiere sind. Das zeigt vor allem die temperamentvolle Chiara, die Jüngste im Trio, die schon mal unvermittelt lostrampelt, wenn die Tierpflegerin danebensteht und ihr gerade das Fell kämmen will. »Sie hat ihren eigenen Kopf und muss manchmal noch zurechtgewiesen werden«, sagt Magda Suß.

Warum Kamele aus Zentralasien überhaupt auf dem schwäbischen Schaubauernhof stehen? Auch diese Frage stellt sich so mancher Besucher. »Um neben alten heimischen Rassen wie Limpurger Rindern oder Schwäbisch-Hällischen Schweinen auch vorzuführen, welche wichtigen Haus- und Arbeitstiere es in ferneren Ländern gibt«, so die Pflegerin. In den kargen Wüstenregionen der Mongolei oder Chinas wird das Trampeltier schon seit über 6000 Jahren als wahres Wunder an Vielseitigkeit gehalten: Es liefert Milch, Wolle und Fleisch, und selbst der getrocknete Dung ist in den holzarmen Regionen wichtig als Brennmaterial. Gleichzeitig sind Trampeltiere zähe Lastenträger und ideal an ihren Lebensraum angepasst: So können die robusten Karawanen-Tiere, die auch bei großer Hitze kaum schwitzen, ihre Nasenlöcher verschließen, damit ihnen kein Wüstensand in die Atemwege weht.

Trampeltiermädchen Chiara ist schon das achte Jungtier, das in der Wilhelma geboren wurde – und doch ist sie offenbar etwas Besonderes: Mutter Christina jedenfalls ist meist in ihrer Nähe und kümmert sich fürsorglich um ihre vierjährige Tochter, die ihrerseits immer noch an Mamas Milchbar trinken will. Eine ungewöhnlich enge Beziehung, sagt Magda Suß, die ihre Ausbildung zur Tierpflegerin in einem Zoo in Darmstadt absolviert hat und seit Sommer 2012 für die 25 Tierarten auf dem Schaubauernhof zuständig ist. Fährt sie morgens mit der Schubkarre Heu ins Gehege, schnüffelt Chiara oft an ihr und will ungeduldig direkt aus der Karre fressen, wofür es einen kleinen Rüffel gibt. Erziehung muss sein. Danach wird aber wieder ein wenig gekuschelt mit den Exoten auf dem Schaubauernhof.

Kamele lassen sich in zwei Gruppen unterteilen. Zum einen gibt es die Altweltkamele mit dem einhöckrigen Dromedar, das vor allem in Afrika verbreitet ist, und dem Trampeltier, das zwei Höcker hat und in Zentralasien gezüchtet wird. In der Inneren Mongolei leben zudem noch einige hundert wilde Trampeltiere. Die zweite Gruppe umfasst die höckerlosen Neuweltkamele mit den Arten Vikunja und Guanako, aus dem die Haustierrassen Lama und Alpaka gezüchtet wurden. Die Höcker dienen nicht, wie irrtümlich oft angenommen, als Wasserspeicher, sondern als Fettreserve zur Energieversorgung. Dank ihnen kann sich ein Kamel große Reserven anfressen, von denen es in Mangelzeiten lebt. Die Tiere können mehrere Tage lang ohne Wasser auskommen. Haben sie Durst, trinken sie in zehn Minuten bis zu 120 Liter Wasser.

WENN DER MANN MIT DEM BLASROHR KOMMT

Warum die Wilhelma eine eigene Krankenstation hat

Mit dem Blasrohr ins Schwarze zu treffen, hat Tobias Knauf-Witzens schon in der Schule geübt. Dass es später einmal ein wichtiges Instrument und bewährtes Hilfsmittel für seine tägliche Arbeit werden würde, konnte er damals freilich nicht ahnen. Heute unterhält der Tierarzt an seinem Arbeitsplatz, der Krankenstation der Stuttgarter Wilhelma, ein ganzes Sammelsurium beeindruckender Blasrohre, mit denen er je nach Länge auf bis zu 20 Metern Entfernung Narkosepfeile verschießen kann. Die Betäubung seiner Patienten auf diesem Weg ist dabei eine Wissenschaft für sich: So muss der Tierdoktor nicht nur die Dosierung des hoch konzentrierten Wirkstoffs exakt berechnen, sondern vor allem auch an der richtigen Stelle treffen, damit er die Tiere nicht verletzt oder sie sich den Pfeil wieder herausziehen, bevor das Mittel wirkt. Bei Menschenaffen zielt der Wilhelma-Arzt daher stets auf einen Muskelstrang am Rücken, knapp unterhalb des Schulterblatts. Bei Wildpferden wiederum versucht er, den Hals zu treffen. Erschwert wird die Prozedur, weil die Zoobewohner den Mann mit

Wilhelma-Tierarzt Tobias Knauf-Witzens betäubt seine Patienten meist mit dem Blasrohr.

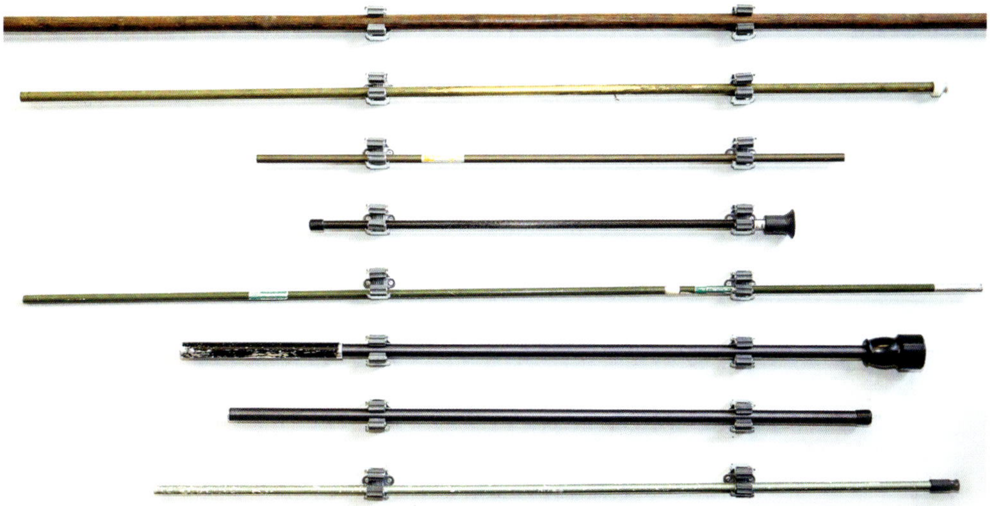

In der Krankenstation hängt eine Sammlung unterschiedlicher Blasrohre.

dem Rohr zwischenzeitlich längst kennen. »Wenn die Tiere mich mit dem Blasrohr sehen«, erzählt Knauf-Witzens, »dann wissen sie, dass es ernst wird.«

An diesem Nachmittag wird es für Ibina ernst, eine der Okapikühe im Giraffenhaus. Sie leidet an zunehmendem Fellverlust am Hals, was verschiedene Ursachen haben kann. Auslöser könnte ein Infekt sein, der gezielt behandelt werden müsste, erklärt der Tierarzt. Aber auch eine Allergie oder eine stressbedingte Verhaltensstörung kommen infrage: Die elfjährige Waldgiraffe war etliche Monate Ersatzmutter für ein verwaistes Okapimädchen, dessen Mutter wenige Tage nach der Geburt einem chronischen Nierenversagen erlegen war. Verschiedene Befunde wurden bereits erhoben, für eine abschließende Diagnose und die Wahl der Behandlungsmethode hat der Veterinärmediziner aber noch weitere Gewebe- und Blutproben gebraucht. Ist ein Tier erst einmal betäubt, wird die günstige Gelegenheit gleich für weitere Untersuchungen und die nötige Pflege genutzt. In diesem Fall hat der Tierarzt noch die Klauen der Okapidame behandelt, was bei Huftieren regelmäßig gemacht werden muss. Der Gesamtbestand der seltenen Waldgiraffen aus Zentralafrika ist stark bedroht. »Da zählt jedes einzelne Tier«, sagt Knauf-Witzens.

Doch nicht nur die seltenen Arten liegen dem Tierarzt am Herzen, er ist mit seiner Kollegin Annika Krengel für den gesamten Bestand der Wilhelma verantwortlich – von der Blattschneiderameise bis zum fast vier Tonnen schweren Elefanten. Insgesamt gehören mehr

Die veterinärmedizinisch-technische Assistentin Marina Balz sucht unter dem Mikroskop nach Krankheitserregern oder Parasiten.

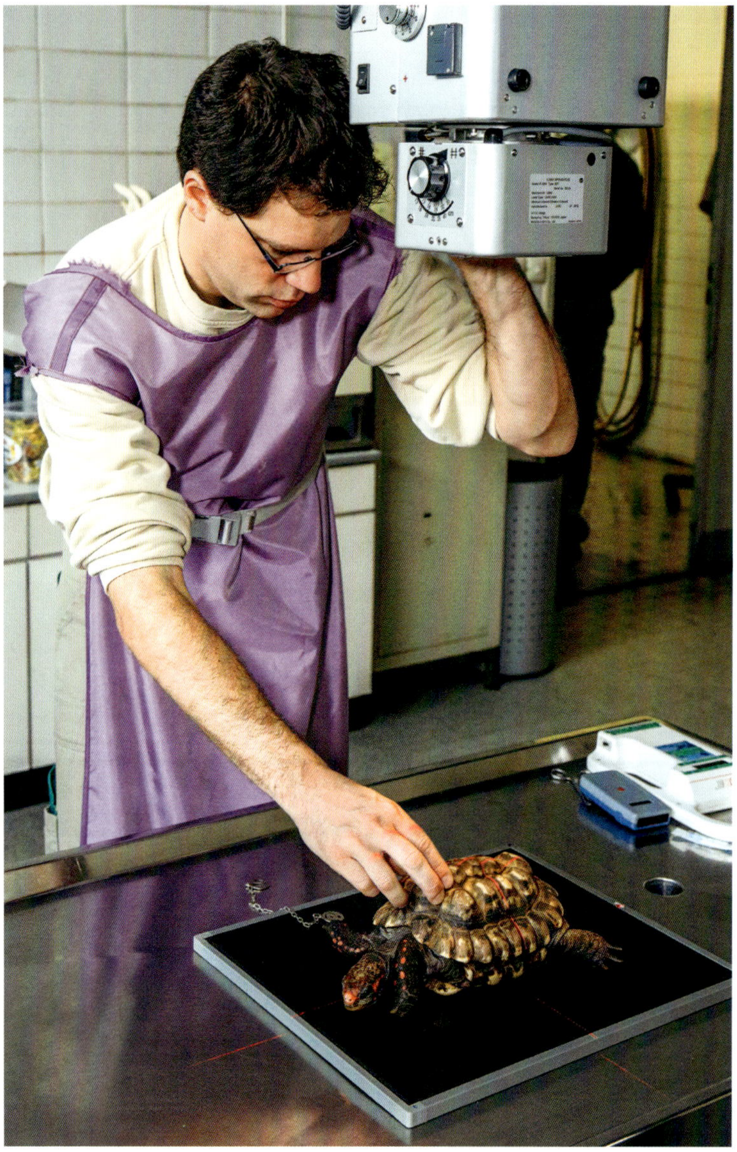

als 10 000 Tiere zu den möglichen Patienten, tausend verschiedene Arten mit ihren jeweiligen Eigenheiten, die es zu beachten gilt. Bei Giraffen etwa ist wegen des sensiblen Blutkreislaufs der hochgewachsenen Tiere jeder Eingriff eine heikle Angelegenheit. Und ein Zitteraal muss erst geerdet werden, bevor man ihn anfassen kann, ohne dabei einen Stromschlag zu bekommen. »Bei der enormen Artenvielfalt hört man nie auf zu lernen«, sagt Knauf-Witzens, der Nachfolger des langjährigen Wilhelma-Tierarztes Wolfram Rietschel ist und heute gemeinsam mit der zweiten Tierärztin Annika Krengel den großen Tierbestand betreut.

Die Krankenstation des Stuttgarter Zoos gehört bundesweit zu den ältesten ihrer Art, entsprechend viele Erfahrungen sind hier über die Jahrzehnte gesammelt worden. Als zweiter Tiergarten nach Berlin leistet sich die Wilhelma schon seit 1965 einen hauptamtlichen Tierarzt, was den großen Vorteil hat, so Knauf-Witzens, dass dieser »seine möglichen Patienten schon in gesundem Zustand samt deren Umfeld genau kennt«. Ein Großteil der medizinischen Arbeit im Zoo hat mit dem weiten Feld der Vorsorge zu tun. »Prävention ist alles«, sagt der Schwarzwälder, der sich daher auch für die artgerechte Haltung der Tiere und deren richtige Ernährung interessiert. »Das sind die wichtigsten Bedin-

Routine auf der Krankenstation: Der Tierarzt bereitet eine Köhlerschildkröte für eine Röntgenaufnahme vor.

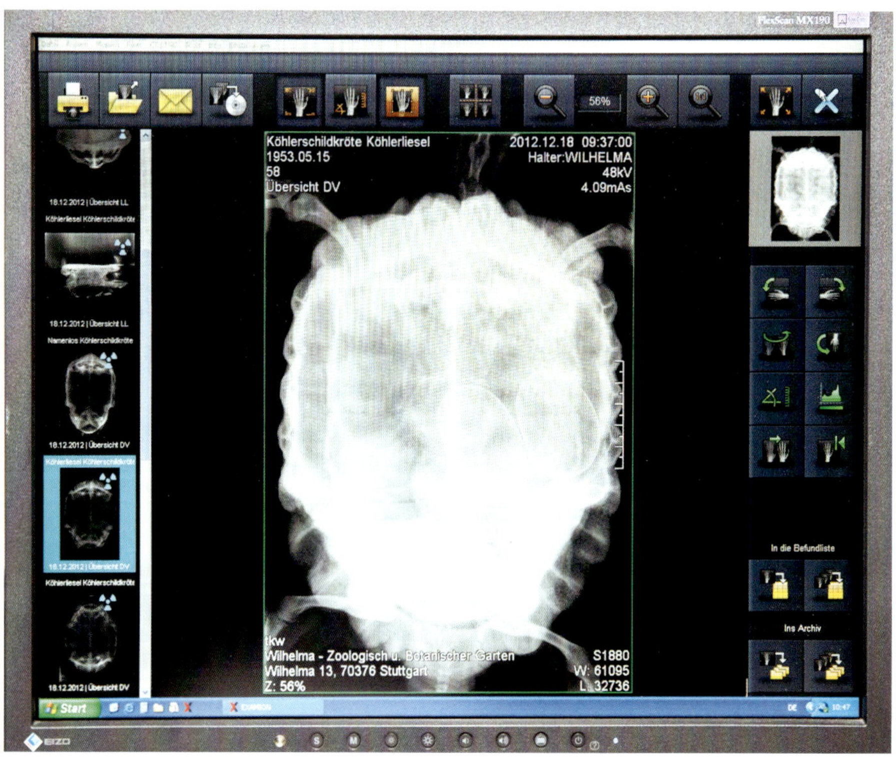

Durchblick: Auf dem Röntgenbild sind in der Mitte deutlich zwei Eier mit Schildkrötennachwuchs erkennbar.

Um das Geschlecht eines Tukans mittels DNA-Analyse zu bestimmen, braucht Tierarzt Tobias Knauf-Witzens eine Feder des Vogels.

gungen für einen gesunden Tierbestand.« Um die Zoobewohner möglichst selten dem enormen Stress einer medizinischen Untersuchung auszusetzen, werden unter anderem jährlich rund tausend Kotproben genommen, die im wilhelmaeigenen Labor, der Seele der Krankenstation, unter das Mikroskop kommen. »90 Prozent der Krankheiten, mit denen Zoos früher zu kämpfen hatten, können mit richtiger Vorsorge vermieden werden«, sagt Knauf-Witzens.

Zuständig für die wichtigen Routineuntersuchungen ist Marina Balz, die veterinärmedizinisch-technische Assistentin in der Krankenstation. Entdeckt sie unter dem Mikroskop Krankheitserreger oder Parasiten, wird dem befallenen Tier je nach Laborbefund etwa eine Wurmkur verordnet. Kontrolliert werden die Tiere je nach möglicher Anfälligkeit, die von Art zu Art unterschiedlich ausfällt. Die robusten Flusspferde Rosi und Mike etwa oder die Zwergziegen müssen lediglich einmal im Jahr eine Probe abgeben. Die Keas wiederum oder die Okapis gehören zu den eher anfälligen Kandidaten, deren Hinterlassenschaften häufig untersucht werden müssen, so Marina Balz. Zuverlässige Hinweise auf gesundheitliche Probleme bekommt das medizinische Team darüber hinaus auch von den rund hundert Tierpflegern, die ihre Schützlinge am besten kennen. Leicht ist es allerdings nicht, eine Krankheit rechtzeitig zu erkennen: Wildtiere verbergen von Natur aus ihre Leiden und Schwächen, um nicht zur leichten Beute zu werden oder den Rang in ihrer Gruppe zu verlieren.

Der Tag von Tobias Knauf-Witzens beginnt mit den frühmorgendlichen Hausbesuchen, zu denen er mit seinem roten Arztauto fährt. An Bord hat er neben Kompressen, Spritzen, Verbänden und anderen medizinischen Utensilien auch ein transportables Ultraschallgerät, mit dem er Organe untersuchen oder feststellen kann, ob ein Tier trächtig ist – von der Echse bis zum Panzernashorn. Auch ein Gastroskop, das Geschenk eines Humanmediziners, gehört zum Inventar der Krankenstation. Mit ihm wird der Mageninhalt der Tiere untersucht, die immer wieder etwas schlucken, was von Besuchern in die Gehege geworfen wird. Im Ernstfall müssen mit einem langen Greifer Geldmünzen aus dem Magen eines Tieres gefischt werden, damit es nicht an schweren inneren Verletzungen oder einer Schwermetallvergiftung stirbt. Am Nachmittag, nach der Visite, stehen dann die Behandlungstermine an. Die einzelnen Patientenakten bespricht der Tierarzt dabei häufig auch mit humanmedizinisch ausgebildeten Kollegen, etwa Zahnärzten, Chirurgen, Gynäkologen oder Internisten, die bei Bedarf zur Behandlung von Tieren in die Wilhelma kommen. So ist ein Leistenbruch bei einem jungen Gorilla trotz ähnlicher Anatomie schwieriger als beim Menschen, da dem Patienten nach der Operation keine Bettruhe verordnet werden kann. In solchen Fällen ist der Zoo auf erfahrene Chirurgen angewiesen, sagt Knauf-Witzens. So wurden in der Vergangenheit geschwächte Gorillababys, die an den Tropf mussten, im Jungtieraufzuchthaus von Kinderärzten des Olgahospitals behandelt.

Weil sich ein Tiergarten zudem nicht die gesamte Bandbreite moderner medizinischer Apparaturen leisten kann, kooperiert die Wilhelma auch mit verschiedenen Spezialkliniken. Der Computertomograf der Pferdeklinik Kirchheim etwa leistet wertvolle Dienste bei der Diagnose innerer Krankheiten. Überdies eignen sich ihre Instrumente für Magenspiegelungen und Bauchhöhlenoperationen auch für Giraffen, Panzernashörner und

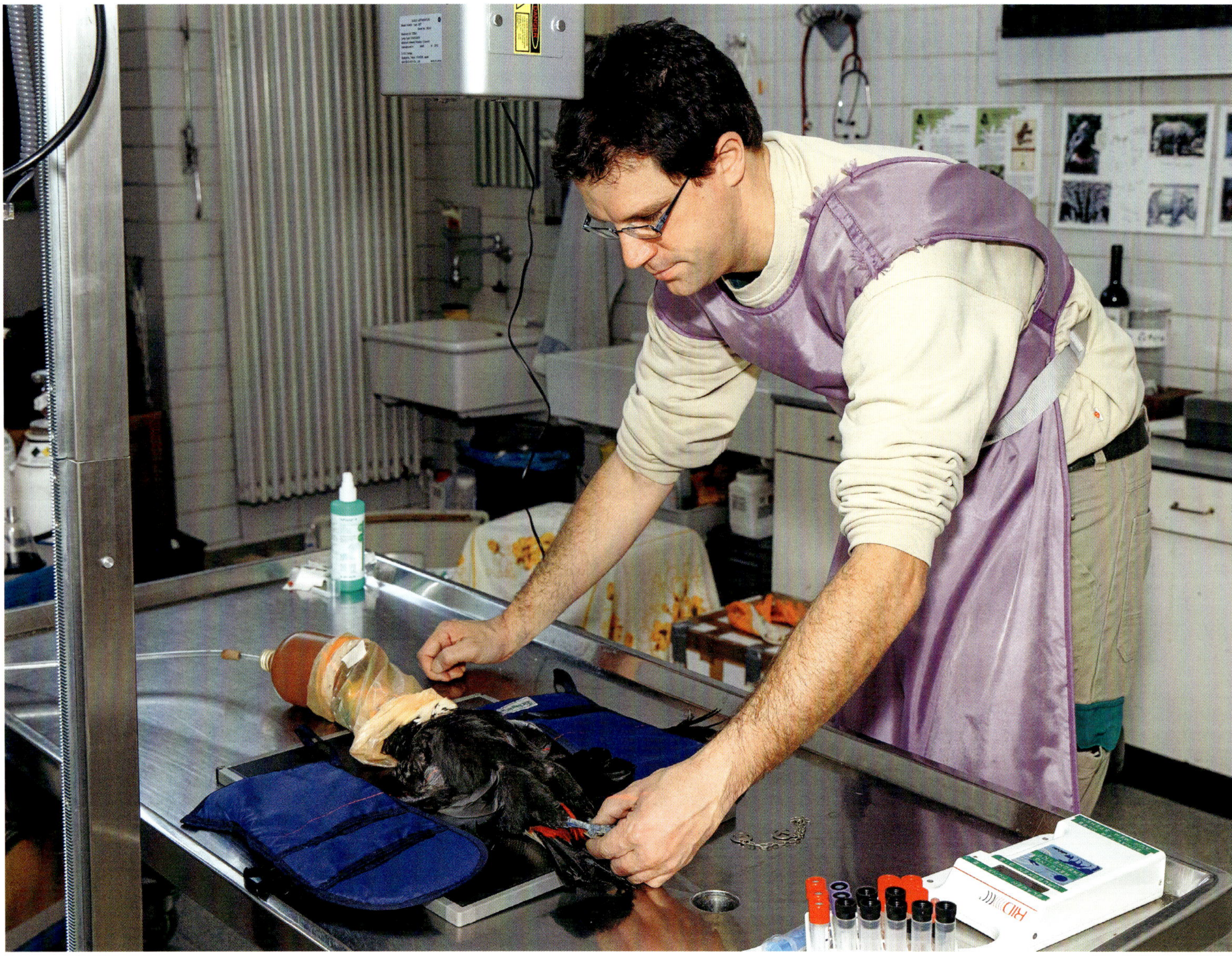

Brillenpinguine. Bei schwierigen chirurgischen Eingriffen wiederum ist die Tierklinik der Universität Hohenheim erste Adresse: Hier sind schon viele Knochenbrüche verschraubt und genagelt worden, beispielsweise bei Schneeziegen, Totenkopfäffchen und Wildeseln. Regelmäßig werden zudem Veterinärmediziner des Berliner Leibniz-Instituts für Zoo- und Wildtierforschung mitsamt teurer Ausrüstung für Ultraschalluntersuchungen nach Stuttgart eingeflogen. Zudem wird jedes gestorbene Tier im CVUA (Chemisches- und Veterinäruntersuchungsamt) Stuttgart untersucht, das auch einige Gewebe- und Laboruntersuchungen übernimmt. »Die Zusammenarbeit mit Spezialisten ist extrem wichtig«, sagt Tobias Knauf-Witzens. »Ein Zootierarzt kann kein Einzelkämpfer und Experte für alles sein.«

Links: Der gefiederte Patient, ein Riesentukan aus dem Amazonienhaus, muss zur Sicherheit geröntgt werden.

Tobias Knauf-Witzens implantiert einem Krallenäffchen einen Transponder, mit dem sich jedes Tier eindeutig identifizieren lässt.

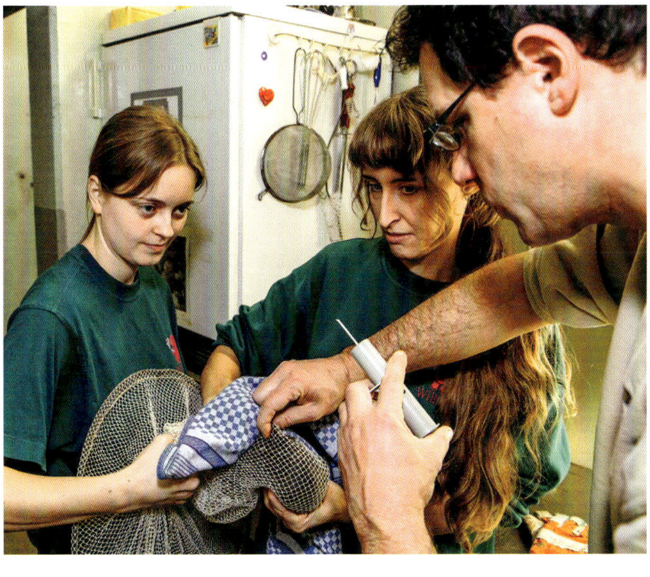

Der Tierarzt untersucht den Rachen des Riesentukans.

GANZ SCHÖN VERSCHMUST

Franziska Brandt und die Poitou-Esel

Im Weg herumstehen und dabei unschuldig unter seinen langen Fransen hervorschauen kann der junge Chiron zwar ziemlich gut, wenn es den Tierpflegern gerade gar nicht passt und schnell gehen muss, störrisch und stur ist er aber keinesfalls. Diese eher bockigen Charaktereigenschaften werden Eseln seit jeher nachgesagt – höchste Zeit, mit diesem Vorurteil aufzuräumen, wie Franziska Brandt findet. Die Tierpflegerin hat ihre Poitou-Esel eher als ziemlich gesellig und verschmust kennengelernt, als pflegeleicht und intelligent noch dazu. »Die verstehen sehr genau«, sagt sie, »was man von ihnen will.«

Eine äußerst seltene Erscheinung sind Poitou-Esel noch dazu, nicht nur wegen ihrer riesigen Ohren und dem auffälligen Zottelfell. Ihr Bestand gilt als extrem gefährdet, seit sie in ihrem Ursprungsland Frankreich immer weniger gezüchtet werden. Zu sehen sind die dunkelbraunen Riesenesel vor allem in Zoos, Chiron ist dabei eines von etlichen Jungtieren, die bisher in der Wilhelma geboren wurden. Insgesamt drei Stuten werden in dem Gehege im Schaubauernhof gehalten, Hamrah, Garie und Laika, die jedes Jahr ein bis zwei Fohlen zur Welt bringen. Zuchthengst Nepomuk hat sein eigenes Gehege gleich nebenan. »Ihn zusammen mit der Herde zu halten, wäre nicht ungefährlich für die Fohlen«, sagt Tierpflegerin Franziska Brandt, die im Zoo Stralsund gelernt hat und seit Anfang 2012 auf dem Schaubauernhof arbeitet.

Die jungen Esel sind anfangs extrem verspielt, rennen ungestüm durch die ganze Koppel, jagen einander und beißen beim Kräftemessen auch mal aufeinander ein. In Mitleidenschaft gezogen wird dabei vor allem ihr langes Lockenfell, das oft verfilzt, so Franziska Brandt. Mindestens einmal in der Woche muss die Tierpflegerin das Fell der Esel gründlich bürsten, was bis zu einer Stunde pro Tier dauert. Nach dem Striegeln ist das Fell wieder schön flauschig und kuschelig, was allerdings nicht allzu lange anhält. Pflegeintensiv sind zudem auch die Hufe der schweren Esel, die anfällig für Verletzungen sind. »Fußpflege ist das Wichtigste«, sagt Franziska Brandt. Damit es den Eselsstuten und ihren Jungtieren nicht langweilig wird, werden sie regelmäßig mit »Spielsachen« wie Futterbällen und Ästen von Laubbäumen beschäftigt. Und auch bei Zuchthengst Nepomuk ist für Abwechslung gesorgt: Er ist neben einigen Ponys einer der Kandidaten fürs Kinderreiten in der Koppel, in der er dann brav seine Runden dreht. Von wegen störrisch und stur.

Der Poitou-Esel ist eine gefährdete Großeselrasse, die nach der Region Poitou-Charentes im Westen Frankreichs benannt und seit dem 10. Jahrhundert bekannt ist. Heute gibt es nur noch wenige Reinzuchten. Sie gehören zu den größten Eseln der Welt und wurden nicht als Arbeitstiere eingesetzt, sondern fast nur zur Zucht von ungewöhnlich großen und starken Maultieren. Das sind Kreuzungen, bei denen die Mutter ein Pferd der Rasse »Mulassier du Trait Poitevin« und der Vater eben ein Poitou-Esel ist. Da Maultiere grundsätzlich unfruchtbar sind, müssen sie immer wieder neu gezeugt werden. Nachdem Maultiere nach dem Zweiten Weltkrieg immer weniger gebraucht wurden, ist auch der Bestand an Poitou-Eseln stark zurückgegangen. Auf dem Schaubauernhof der Wilhelma werden ein Zuchthengst und drei Stuten mit ihren Jungtieren gehalten.

58 533

IMMER ERSTE BEI ALLEM

Ramona Schiele und die Limpurger Rinder

Wer einen großen Auftritt haben will, muss ordentlich mitmachen. Frisch gestriegelt und herausgeputzt. Einmal im Jahr werden zwei der seltenen Limpurger Rinder vom Schaubauernhof angespannt, um beim traditionellen Volksfestumzug den historischen Wagen mit der Fruchtsäule zu ziehen, dem Wahrzeichen auf dem Wasen. Zuvor müssen die beiden Kandidaten jedes Jahr aufs Neue an ihre Berufung gewöhnt werden, an das schwere Geschirr, das Gewicht des Wagens und das Geräusch beim Rollen. Ein zeitintensiver Job für Tierpflegerin Ramona Schiele und ihre Kollegen, die den Wagen dann auch beim Umzug selbst lenken. »An diesem Tag muss alles passen«, sagt sie.

Momentan arbeitet die gelernte Landwirtin unter anderem mit Sandy, die eher zum Typ Draufgänger zählt und damit eigentlich kein typischer Vertreter der Limpurger ist, denen nachgesagt wird, die Ruhe weg zu haben. Aber die junge Kuh hat offenbar auch große Ambitionen: »Sie hat das Zeug dazu, Chefin zu werden«, sagt Ramona Schiele. Insgesamt fünf Mutterkühe grasen auf der Anlage, die resolute Sandy will dabei immer bei allem Erste sein. Erste beim Futtertrog, Erste im Stall, Erste beim Melken – was eigentlich der Leitkuh Stina zustehen sollte. Doch deren Zeit neigt sich allmählich dem Ende zu, vermutet die Pflegerin, die seit 20 Jahren in der Wilhelma arbeitet: »In einiger Zeit wird es wohl eine Wachablösung geben.«

Dass sich unter Kühen eine ausgeprägte Rangordnung entwickelt, gehört zu den Besonderheiten, über die Ramona Schiele bei den Führungen durch den Schaubauernhof regelmäßig erzählt. Tatsächlich gibt es nach wie vor viel zu erklären, stellt die Pflegerin immer wieder fest. Weiße Kühe geben weiße Milch, braune Kühe geben braune Milch. Viel zu oft muss sie Ansichten dieser Art korrigieren, »es gibt noch viel Nachholbedarf«, sagt sie. Zum Anschauungsunterricht für die Besucher und Schulklassen gehört daher auch das Melken, zehn bis 20 Liter gibt jede der Kühe am Tag. Die Milch wird hinterher vor allem an die Kälber verfüttert, in Notfällen werden damit aber auch hungrige »Flaschenkinder« in der Wilhelma aufgepäppelt, z. B. etwa Giraffenbabys. Jede Kuh bringt pro Jahr ein Kalb zur Welt, das an Landwirte in der Umgebung weitervermittelt wird. Heute werden Limpurger oft als Milchvieh gehalten, früher haben die ausdauernden Rinder als Arbeitstiere die schweren Pflüge über die Felder gezogen – was sie immerhin zur Idealbesetzung für einen Volksfestwagen macht.

Das **Limpurger Rind** ist die älteste Rinderrasse Württembergs, die ursprünglich in der Grafschaft Limpurg, die südlich von Schwäbisch Hall lag und 1803 zu Württemberg kam, gezüchtet wurde. Die Kühe haben ein einfarbig hell- bis rotgelbes Fell, wobei einzelne Partien, etwa der Unterbauch und die Schenkelinnenseiten, heller als der Rest gefärbt sind. Mitte der 1960er-Jahre war der Bestand so stark zurückgegangen, dass die Rasse kurz vor dem Aussterben stand. 1987 gründeten die verbliebenen Halter mit 56 einfarbigen Kühen und nur einem Bullen die Züchtervereinigung Limpurger Rind, die durch das Land Baden-Württemberg gefördert wird. Die Schwerpunkte der Zucht liegen heute im Landkreis Schwäbisch Hall, im Welzheimer Wald und im Leinstal. Auf dem 1993 eröffneten Schaubauernhof der Wilhelma werden fünf Mutterkühe gehalten.

DUNLOP

ANGELPROFI AN DER STOCHERBÜCHSE

Bea Jarczewski und die Gorillas

Da liegt sie, ganz vorne an der Glasscheibe, gemütlich auf dem Bauch, das Kinn malerisch auf die Hände gestützt. Zeigt sich Undi von ihrer besten Seite, kommt kein Besucher an ihr vorbei, an dieser außergewöhnlichen Gorillafrau, mit der Bea Jarczewski eine ganz besondere Beziehung verbindet, wie die Tierpflegerin sagt: »Zwischen uns ist etwas Spezielles, ich hänge sehr an ihr.« Typisch für die Gorillafrau ist, dass sie viele Seiten hat, temperamentvoll und wild sein kann, aber auch sanftmütig und zärtlich. »Sie kann eine ganz Liebe sein, aber auch die Pfleger ganz schön ärgern und die Besucher erschrecken«, sagt Bea Jarczewski.

Erzählt die Tierpflegerin von ihrer Undi, wie diese morgens zur Begrüßung freundlich brummelt und die Finger durchs Gitter steckt, beginnen ihre Augen zu glänzen. »Sie rührt mich emotional«, sagt sie. 1972 als Wildfang aus Afrika in den Stuttgarter Zoo gekommen, wird die imposante Gorillafrau auch wegen ihrer bestimmenden Art oft für den Silberrücken gehalten. Tatsächlich spielt sie auch gerne den Haremschef, wenn es etwa darum geht, ein schwächeres Familienmitglied zu beschützen, erzählt Bea Jarczewski, die seit 1994 das große Affenrevier leitet, sich eigentlich »schon immer für Affen interessiert hat«.

Viel Ruhe ist für die Pflegerin dabei das Wichtigste bei der Arbeit mit den Tieren. Und viel Zeit, »um von den Affen zu lernen, wie man mit ihnen richtig umgeht«. Am meisten gelernt hat sie dabei vor allem von Undi, die hier auch schon Nachwuchs bekommen hat. Zwischenzeitlich spielt sie gerne die Tante, die sich rührend um die Kinder kümmert, dabei aber auch ruppig werden kann, so die Tierpflegerin. Gleichzeitig ist Undi eine emanzipierte Haremsfrau, die hartnäckig darauf besteht, die Erste beim Futter zu sein, was eigentlich Silberrücken Kibo zusteht. Dessen deutliche Drohungen ignoriert sie dabei meist geflissentlich, erzählt Bea Jarczewski, die am glücklichsten ist, wie sie sagt, »wenn ich hinter den Kulissen bei meinen Affen bin«. Ihre Undi, die alles Süße wie etwa reife Mangos mag, beeindruckt sie dabei immer wieder aufs Neue: So nimmt die Gorillafrau als Einzige abends Stöckchen mit in ihren Schlafkäfig, mit denen sie am nächsten Morgen als Erste Honigwasser oder Quark aus der Stocherbüchse angeln kann, während der Rest der Familie erst noch Werkzeuge basteln muss. Auch schon deshalb ist der Fall für Bea Jarczewski klar: »Undi ist einfach toll.«

Gorillas sind mit einer Standhöhe von bis zu 1,85 Meter und einem Gewicht von bis zu 200 Kilogramm die Riesen unter den Menschenaffen. Sie sind reine Pflanzenfresser, leben in Haremsfamilien und werden von einem Silberrücken angeführt, dem stärksten Gorillamann. Die Gruppe in der Wilhelma gehört zur Unterart der Westlichen Flachlandgorillas, die vom südlichen Kamerun und dem Westen der Zentralafrikanischen Republik über Äquatorialguinea, Gabun und die Republik Kongo bis in die angolanische Exklave Cabinda verbreitet sind. Der stark bedrohte Gorilla-Bestand in freier Wildbahn wird auf 200 000 Tiere geschätzt. Die Familie in der Wilhelma, zu der neben dem Silberrücken Kibo und fünf Weibchen meist auch einige Jungtiere gehören, gilt als besonders harmonisch. Bisher sind hier mehr als 30 Gorillababys geboren worden.

KOLOSSALER APPETIT

Madeleine Häfner und die Flusspferde

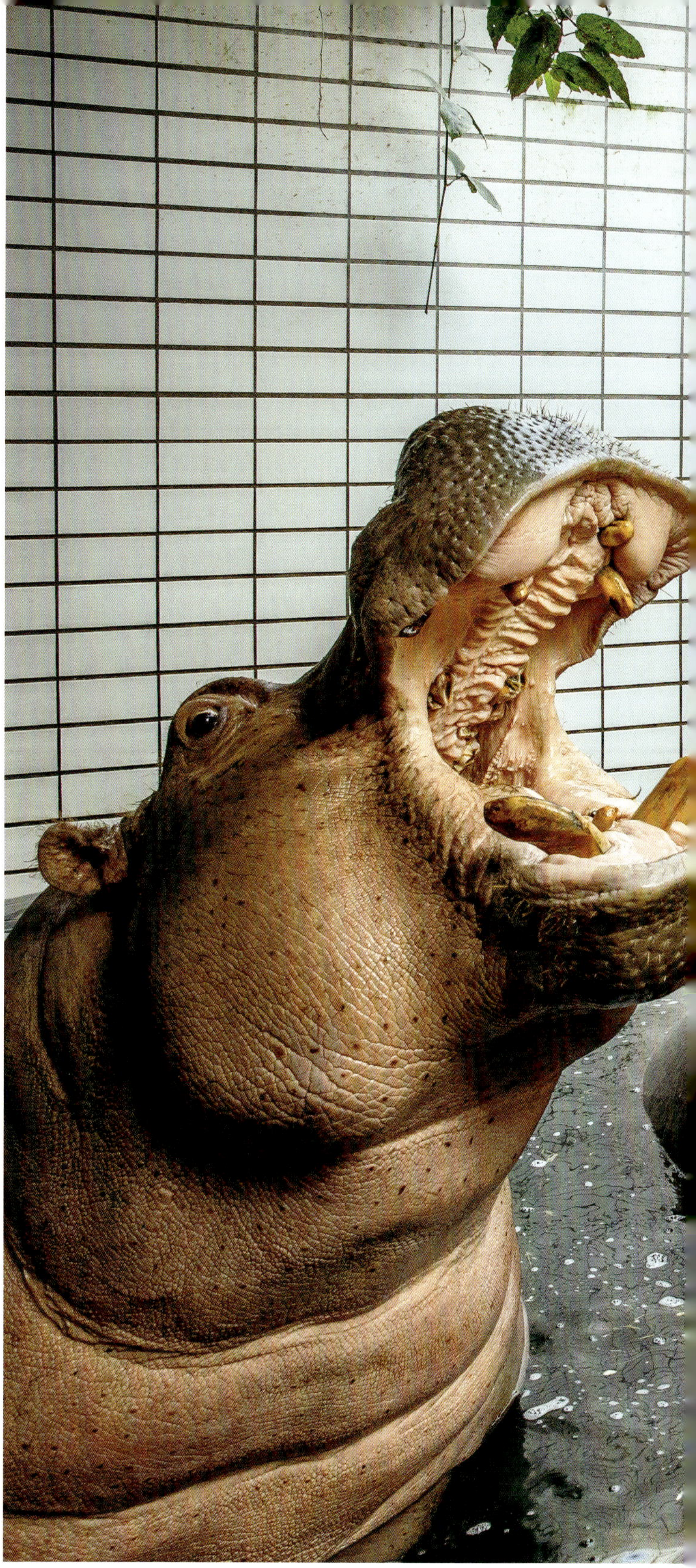

Wenn Rosi und Mike im Wasserbecken ganz vorn auf den Stufen liegen und ihr Maul mit den mächtigen Eck- und Schneidezähnen sperrangelweit aufreißen, dann ist das nicht als Drohung zu verstehen. Es ist vielmehr ein untrügliches Zeichen, dass die beiden Schwergewichte wieder einmal kolossalen Appetit auf Äpfel haben. Einige Eimer voll bekommen die Flusspferde der Wilhelma jeden Tag ins Maul geworfen – sofern sie sich an die Spielregeln halten: Madeleine Häfner und die anderen Tierpfleger im Dickhäuterhaus haben ihnen antrainiert, dass sie für diese besondere Fütterung im Wasser liegen müssen. Verlassen sie ihr Becken, sagt Madeleine Häfner, wäre direkter Kontakt zu gefährlich.

Im 30 Grad warmen Wasser sind die tonnenschweren Tiere ohnehin ganz in ihrem Element. Sie paaren sich im Wasser, sie bekommen ihren Nachwuchs darin und später werden die Babys auch schwimmend gesäugt. An Land kommen Flusspferde in der Regel nur, um zu fressen. Bis zu 50 Kilogramm Heu, Obst, Gemüse und anderes Grünfutter verschwinden jeden Tag in ihren Mäulern, allein mit der Mittagsfütterung sind Rosi und Mike eine Stunde und länger beschäftigt. Schlemmermaul Rosi ist mit ihren 2,5 Tonnen dabei ein wenig zu dick für eine Flusspferddame, was aber auch an der Pille liegen kann, die sie seit einigen Jahren verabreicht bekommt. 17 Jungtiere hat sie bisher großgezogen, weiterer Nachwuchs ist aber nicht mehr erwünscht, so Madeleine Häfner: »Für Flusspferdbabys findet man kaum noch einen Platz in anderen Zoos.«

Schwer vermittelbar sind die Jungtiere unter anderem auch wegen des immensen Aufwands, der bei der Haltung betrieben werden muss. So müssen die Wasserbecken jeden Tag abgelassen und ausgespritzt werden, weil die Pflanzenfresser jeden Tag aufs Neue ihr Revier markieren, und Flusspferdmann Mike dazu seinen Kot mit einer Wirbelbewegung des Schwanzes an der Kachelwand verteilt. Von ihrer Persönlichkeit her sind die Tiere eher dickköpfig und stur, sagt Madeleine Häfner. »Sie kennen aber ihren Namen und reagieren darauf.« Mitunter kommt es auch zu Differenzen im Wasserbecken, ansonsten hat die Tierpflegerin, die 2003 ihre Ausbildung in der Wilhelma begonnen hat, Rosi und Mike aber als gemütliche und friedfertige Tiere kennen und lieben gelernt. Beliebt sind die beiden auch bei den Besuchern, die oft eines interessiert: Warum die Flusspferde beim Auftauchen häufig ihre winzigen Ohren kreisen lassen? Der simple Grund: um das Wasser aus ihnen zu schütteln.

Das Flusspferd ist als Paarhufer näher mit den Schweinen verwandt als mit Pferden, worauf der Name irreführend hindeutet. Die geselligen Tiere, die nach den Elefanten zu den schwersten Säugetieren an Land zählen, leben in großen Herden im mittleren und südlichen Afrika in Gewässernähe. Sie verbringen mehr als die Hälfte ihres Lebens im Wasser, Nasenlöcher, Augen und Ohren liegen als Anpassung an diese Lebensweise daher fast auf einer Höhe. Ein erwachsenes Tier kann etwa sechs Minuten unter Wasser bleiben. Mit einem Gesamtbestand von bis zu 150 000 Tieren und einem erwarteten weiteren Rückgang der Population zählen Flusspferde zu den gefährdeten Arten. Das Flusspferdweibchen Rosi ist ein Geschenk des Zoologischen Gartens Karlsruhe und wurde 1968 geboren. Wilhelma-Bulle Mike kam 1985 auf die Welt.

Die Nachzucht von Nashörnern ist ein erfolgreiches Kapitel in der Wilhelma. Seit 1971 wurden hier schon 16 Jungtiere geboren (Stand Februar 2013). Dies ist ein wichtiger Beitrag zur Erhaltung der massiv vom Aussterben bedrohten Tierart. Ende des 19. Jahrhunderts wurde der Bestand weltweit auf eine Million geschätzt. In freier Wildbahn leben heute nur noch etwa 2800 Tiere in Schutzgebieten am Südrand des Himalaja in Indien und Nepal. Gejagt worden sind die Tiere vor allem, weil ihr Horn als Wundermittel galt und noch heute gilt, das in chinesischen Apotheken teuer bezahlt wird. Panzernashörner sind Vegetarier, die vor allem junge Gräser und Zweige fressen. Im Zoo bekommen sie zusätzlich Heu, Obst, Gemüse und Kraftfutter. Es gibt fünf Nashornarten, die Wilhelma hält Indische Panzernashörner – den Zuchtbullen Bruno und die Kuh Sani.

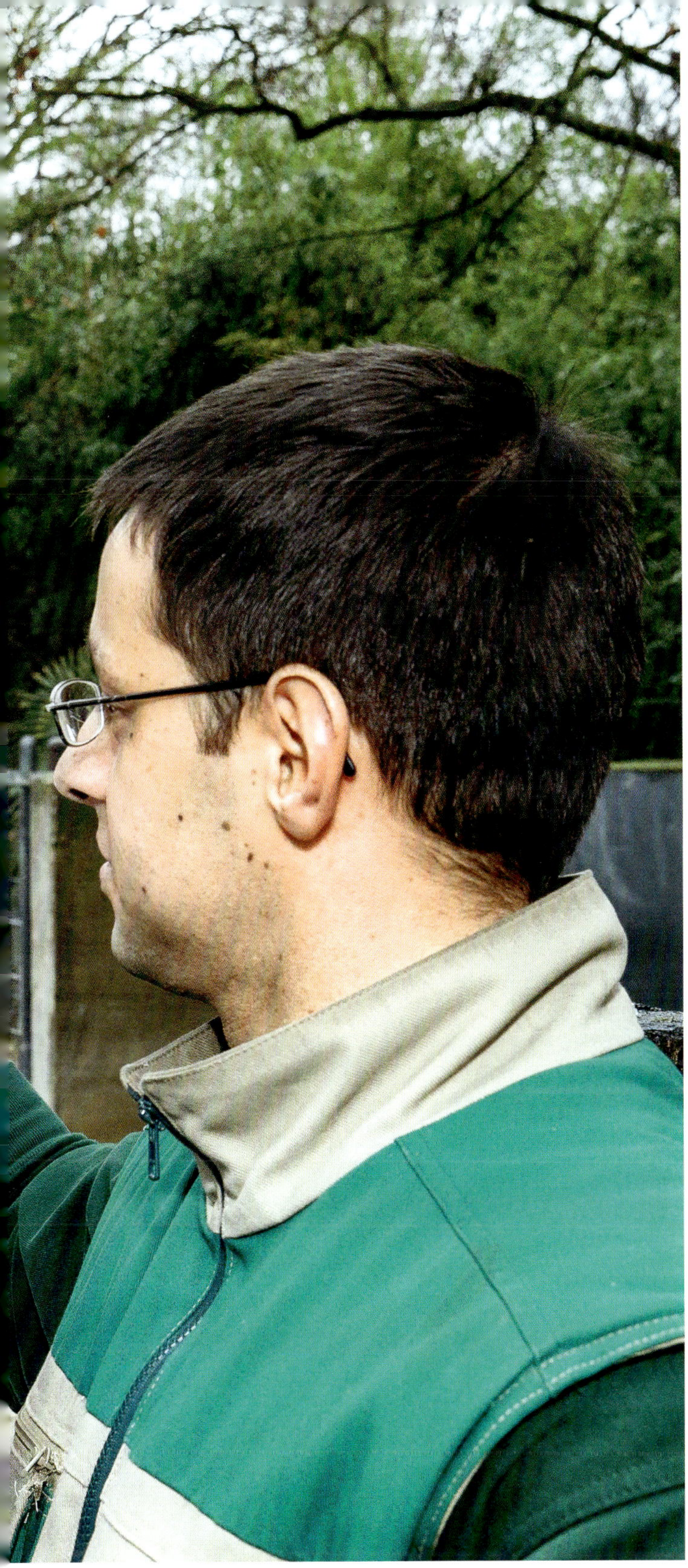

ZWEITONNER MIT LAUNEN

Markus Koch und die Panzernashörner

Wer kann schon von sich sagen, ein königliches Geschenk zu sein? Die Panzernashorndame Sani ist als solches im Jahr 1993 in der Landeshauptstadt angekommen, mit freundlichen Grüßen des Königreichs Nepal, das sich auf diese spezielle Weise für die nepalesische Woche auf der Internationalen Gartenschau in Stuttgart bedankte. Seither hat sie ihr Zuhause in der Wilhelma, wo das ehemals schmächtige Kälbchen aus Südasien zwischenzeitlich selber schon fünfmal Nachwuchs bekommen hat. Dabei hat sich Sani stets als vorbildliche Mutter gezeigt, wie Markus Koch erzählt, angefangen bei ihrem ersten Kalb Sarasvati – der »Göttlichen«.

Mit großen Tieren zu arbeiten, ist schon immer der Traum des Tierpflegers gewesen, im Dickhäuterhaus der Wilhelma konnte er sich diesen Herzenswunsch zu hundert Prozent erfüllen. Die Panzernashörner sind neben den Elefanten die monumentalen Riesen unter den Landsäugetieren, entsprechend behutsam müssen die Pfleger im Umgang mit ihnen sein. Das gilt vor allem auch für die knapp zwei Tonnen schwere Sani, die mit den Jahren etwas launisch geworden ist, so Koch. Nach zehn Jahren Arbeit mit den Nashörnern sieht er ihr morgens schon beim ersten Apfel an, was für einen Tag sie erwischt hat. Hat sie etwa schlecht geschlafen, was mitunter vorkommt, stampft sie unruhig und nervös durch das Gehege. Meist hilft es dann auch kaum, wenn Markus Koch mit seiner vertrauten Stimme mit ihr spricht und sie zu beruhigen versucht. »An solchen Tages ist es besser«, sagt der Pfleger, »wenn man sie einfach in Ruhe lässt.«

Ansonsten ist Sani aber ein durchaus gutmütiges und friedfertiges Panzernashorn, das von klein auf an Menschen gewöhnt ist. Ihr größtes Vergnügen ist das erste Bad im Frühjahr, das sie ausgiebig genießt. Oft liegt sie den ganzen Tag im Wasser und muss abends mühevoll ins Haus gelockt werden, sagt Markus Koch. Als Einzelgänger werden die beiden Panzernashörner der Wilhelma grundsätzlich getrennt gehalten. Mit Bulle Bruno, der in Stuttgart geboren wurde, teilt sich Sani nur zur Paarungszeit das Gehege. Eines ihrer Jungtiere, die in der Regel nach etwa zwei Jahren zur weiteren Zucht in einen anderen Zoo kommen, hat Markus Koch nach Warschau begleitet, als vertraute Bezugsperson und um den Pflegern dort den Umgang mit dem Tier zu zeigen. »Ein echter Höhepunkt«, sagt der Tierpfleger, dem seine Reisebegleitung auf spezielle Weise gedankt wurde: Shikari hat zwischenzeitlich ihrem ersten Kälbchen das Leben geschenkt.

Wilhelma
Nevada

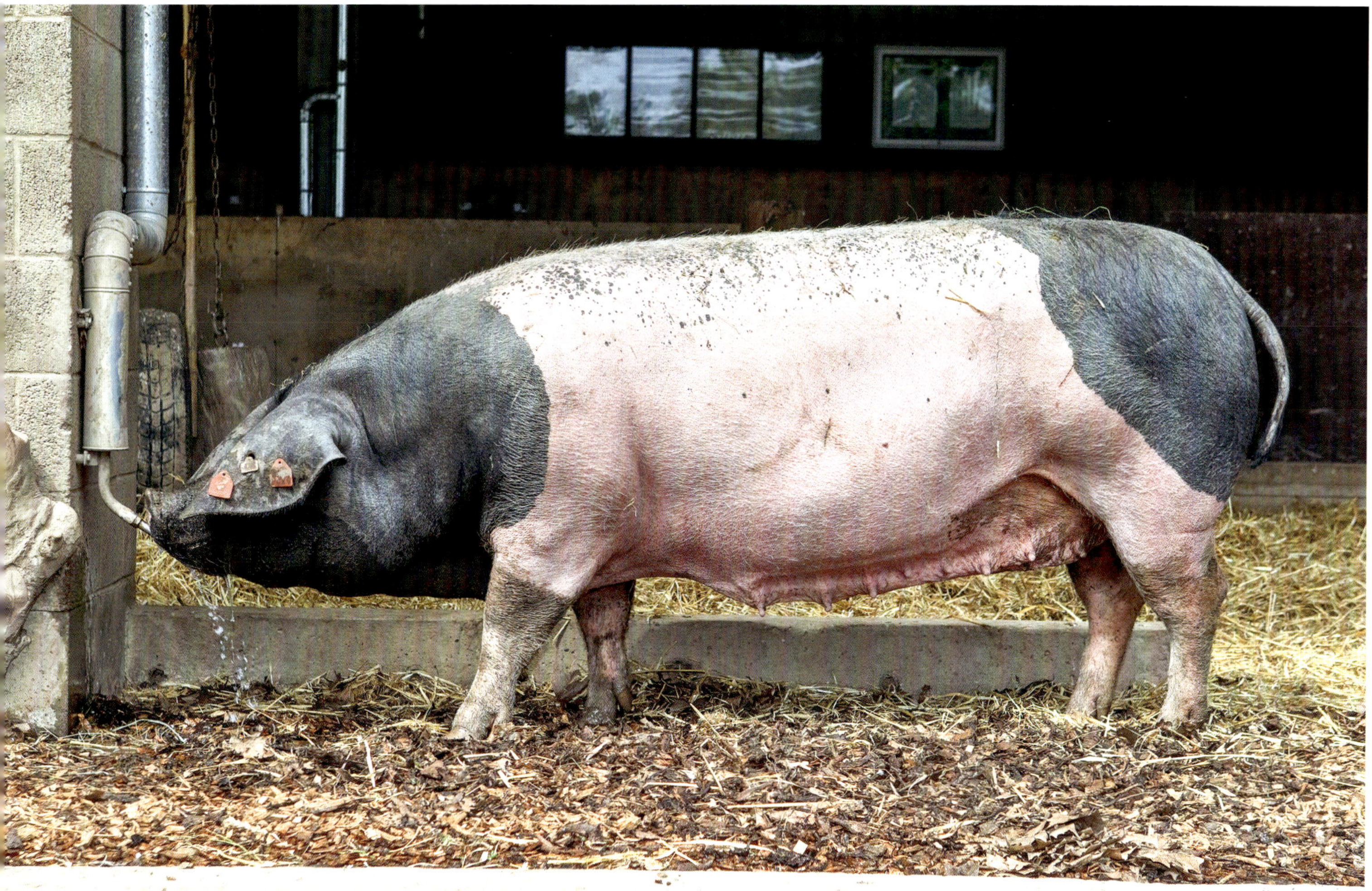

ORTSTERMIN IM RAUBTIERHAUS

Was Handwerker und Techniker der Wilhelma täglich leisten

Wenn Sani sich an den Planken in ihrem Gehege kräftig das Hinterteil schrubbt oder ihr mächtiges Horn am Holz reibt, dann fliegen mitunter die Späne. Mehr als zwei Tonnen bringt die Panzernashorndame auf die Waage, was vor allem auch für die hauseigenen Handwerker der Wilhelma eine ständige Herausforderung darstellt. Zu ihrer täglichen Arbeit gehören kleinere und größere Reparaturen in den Tiergehegen, egal, ob es dabei um einen klemmenden Schieber bei den Gorillas, ein kaputtes Stahlgitter bei den Raubtieren oder eine defekte Wasserpumpe im Aquarium geht. Das Nashorngehege mit seinen beiden schwergewichtigen Dickhäutern zählt dabei neben den verschiedenen Affenhäusern zu den Anlagen, die am stärksten beansprucht werden. »Hier muss alles ziemlich robust sein«, sagt Zooinspektor Thomas Seitz, über dessen Schreibtisch zuerst sämtliche Arbeitsaufträge aus den einzelnen zoologischen Revieren gehen, Routinejobs und Sonderangelegenheiten gleichermaßen.

Zooinspektor Thomas Seitz (links) und Revierleiter Volker Scholl planen den Austausch von Holzplanken im Gehege der Panzernashörner.

Technikchef Harald Meyer inspiziert den Luftfilter der neuen Notstromanlage, die im Bedarfsfall zuverlässig anspringen muss.

Auch an diesem Vormittag müssen bei Sani und Bruno, dem mächtigen Bullen, einige der angeknacksten Holzplanken ausgetauscht werden, die ringsum im Freigehege als Baumersatz angebracht sind. Das Prozedere hat sich über die Jahre eingespielt: Während der Schreiner draußen die neuen Bohlen verschraubt, wird den Nashörnern drinnen im Haus hinter Gittern das Frühstück serviert: jede Menge Heu, Obst und Gemüse. Auch für die Tiere sind die Arbeiten in ihrem Gehege längst zur Routine geworden, erzählt der Tierpfleger Markus Koch. Dennoch wird hinterher natürlich jede neue Holzplanke zunächst einmal neugierig und ausgiebig beschnuppert, sobald die Handwerker wieder das Feld geräumt haben.

Insgesamt 18 Mitarbeiter beschäftigt die Technische Abteilung der Wilhelma, die damit fast alle handwerklichen Bereiche abdeckt. Die verschiedenen Werkstätten der Schlosser, Schreiner, Sanitär- und Heizungsinstallateure, Elektriker und Maler sind seit Jahrzehnten schon im Betriebshof des Zoos unterhalb des Verwaltungsgebäudes untergebracht. Im Gegensatz zu den Tierpflegern und Gärtnern arbeiten die Wilhelma-Handwerker meist unbemerkt hinter den Kulissen, zu tun haben sie dort mehr als genug. Jedes Jahr kommen etwa 1500 einzelne Arbeitsaufträge zusammen, erzählt Harald Meyer, Ingenieur für Haus- und Versorgungstechnik und seit 2004 Leiter der Technikabteilung. Gleichzeitig müssen die technischen Anlagen des Zoos permanent kontrolliert werden, wie etwa die komplexen Belüftungs- und Heizungssysteme. Im tropischen Amazonienhaus mit seinen Regenwaldbewohnern oder den verschiedenen Pflanzenschauhäusern mit ihren wertvollen Sammlungen an Orchideen, Azaleen, Kamelien, Fuchsien oder Kakteen würde es schnell ums Überleben gehen, wenn im Winter die Heizung ausfällt. Die Installateure sind daher auch an den Wochenenden und Feiertagen im Einsatz. »Für die Tiere und Pflanzen zählt im Notfall jede Minute«, sagt Harald Meyer.

Zu den sensiblen und wartungsintensiven Einrichtungen gehört auch das Aquarium, das mit seinem kilometerlangen Rohrleitungsnetz, den gewaltigen Kühlmaschinen, den vielen Filteranlagen und Pumpen die technisch wohl aufwändigste und anspruchsvollste Anlage der Wilhelma ist. Rund 570 Fischarten schwimmen hier in 500 000 Liter Wasser, dessen unterschiedliche Werte und Temperaturen ständig kontrolliert werden müssen. Ohnehin spielt Wasser eine wichtige Rolle in dem Zoologisch-Botanischen Garten: Mehr als eine Milliarde Liter verbraucht die Wilhelma jährlich, wobei das meiste davon aus drei eigenen Brunnen fließt, für die der Zoo die Wasserrechte hat. So ist etwa der Maurische Brunnen in der Nähe des historischen Landhauses an den Flamingosee und den Seelöwenteich angeschlossen, was den Tieren offenbar bestens bekommt – und weltweit zudem einmalig sein dürfte: »Unsere Seelöwen schwimmen in Cannstatter Sprudel«, sagt Meyer. Verwendet wird das mineralreiche Brunnenwasser aus dem Stuttgarter Talkessel zudem auch zum Kühlen der verschiedenen Anlagen oder um die Gehege auszuspritzen. Um die empfindlichen Gewächshauspflanzen zu gießen, ist das Mineralwasser allerdings viel zu kalkhaltig. Dafür verwenden die Gärtner das von der Stadt gelieferte Trinkwasser, das zuvor noch in Umkehr-Osmose-Anlagen aufwändig entsalzt und dann wieder auf optimale Härtegrade abgemischt werden muss.

Damit immer alles funktioniert, müssen die Anlagen und Gehege ständig kontrolliert werden. Jeden Morgen dreht Helmut Gekeler, der seit 1994 in der Wilhelma arbeitet und den Bereich Hochbauten betreut, seine Runden durch das 30 Hektar große Gelände. Heute hat er einen Ortstermin im Raubtierhaus, das umgebaut werden muss. Morgen im Schaubauernhof, der neue Zaunpfosten braucht. Dann wieder müssen bei den Orang-Utans die zu Hängematten umfunktionierten Feuerwehrschläuche ersetzt werden. Und im Maurischen Landhaus tropft es nach einem »Dachschaden« von der Decke. »Jeden Tag muss etwas anderes repariert werden«, sagt Gekeler. Da die Wilhelma zudem jeden Tag im Jahr geöffnet hat, müssen die Arbeiten fast immer bei laufendem Betrieb durchgeführt werden. Mit den meisten »Spezialaufträgen«, die Zooinspektor Seitz in der Regel von den Tierpflegern bekommt und an die Technikabteilung weiterleitet, wäre ein normaler Handwerksbetrieb wohl ziemlich überfordert. »Ein Schreiner aus irgendeiner freien Werkstatt weiß kaum, wie man eine Transportkiste für Tiger bauen muss und welche Vorschriften dabei zu beachten sind«, sagt Helmut Gekeler. Für die Wilhelma-Schreiner ist der individuelle Kistenbau dagegen Alltag, es gibt kaum ein Tier, vom Leistenkrokodil bis zur Giraffe, das nicht schon in einem Behältnis aus der hauseigenen Schreinerei transportiert worden wäre.

Arbeit bei den Okapis: Zooinspektor Seitz und Revierleiter Daniel Wenning (vorne) überprüfen die weiche Bodeneinlage des Innengeheges.

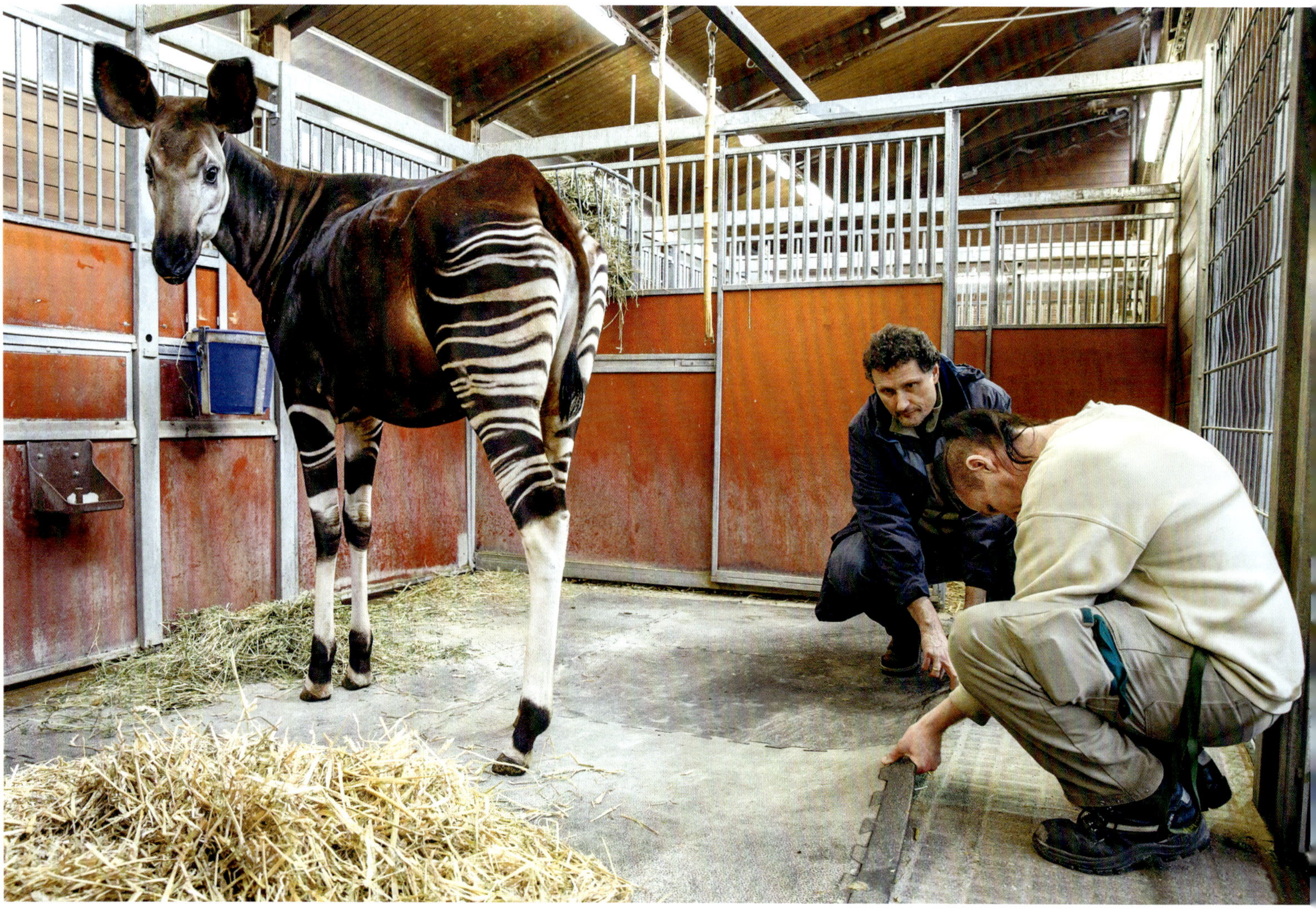

Der Seerosenteich bekommt eine neue Umrandung, die von einem Steinmetz nach historischer Vorlage gefertigt wurde.

Die vielen benutzten Kisten stapeln sich bis zu ihrem nächsten Einsatz in einem Lagerraum auf dem Gelände, ähnlich hoch türmen sich die Vorgaben und Auflagen, die der Denkmalschutz den Wilhelma-Handwerkern macht. Das ehemalige Lustschloss des Königs von Württemberg und die anderen historischen Gebäude und Anlagen müssen mit viel Liebe zum Detail und Fachkenntnis instand gehalten werden, die Sanierungen sind meist langwierig und kostspielig. So muss etwa jeder Stein, der auf der Umrandung des Seerosenteichs ersetzt wird, von einem Steinmetz entsprechend der historischen Vorlage in Form und Farbe handgefertigt werden. »Der Aufwand im Bereich Denkmalschutz ist ganz enorm«, sagt Technikchef Meyer, dessen Team nicht nur für Wartung und Instandhaltung, Notfälle und Reparaturen zuständig ist. Auch bei der Planung neuer Gebäude oder Tiergehege sind die Handwerker und Techniker mit ihrer meist langjährigen Zooerfahrung eingebunden. Nach ihren Vorgaben wurde etwa eine moderne Notstromanlage geplant und installiert, mit der bei Bedarf der ganze Zoologisch-Botanische Garten versorgt werden kann. Eine eigene Heizzentrale springt zudem ein, wenn die städtische Fernwärmeversorgung ausfällt. »Im Fall der Fälle«, sagt Harald Meyer, »können wir uns zwei Wochen lang völlig autark selber mit Strom und Wärme versorgen.«

Im Fall der Fälle werden die Gewächshäuser und Gehege der Wilhelma mit einer eigenen Notstromanlage versorgt.

Die Elefantenhaltung in der Wilhelma hat eine lange Geschichte, die bereits im Jahr 1952 mit den ersten Tieren begonnen hat. Heute leben im Dickhäuterhaus die beiden **Indischen Elefantendamen** Zella und Pama. Im Jahr 2010 ist mit der 61-jährigen Vilja die damals älteste Asiatische Elefantenkuh in Europa gestorben. In freier Wildbahn leben Asiatische Elefanten in Wäldern, Savannen und Steppen in Süd- und Südostasien, also etwa in Indien, Nepal, Bhutan, Bangladesch, Myanmar, Thailand, Laos und Vietnam. Der Asiatische Elefant, von dem es drei Unterarten gibt, ist etwas kleiner als der Afrikanische Elefant und hat zudem auch kleinere Ohren und eine fingerartige Rüsselspitze als Unterscheidungsmerkmal. Er wird seit 1986 in der Roten Liste gefährdeter Arten geführt. Der Bestand in freier Wildbahn wird auf 30 000 geschätzt.

EINE HAUT WIE RADIERGUMMI

Volker Scholl und die Elefanten

Dass er eines Tages wie selbstverständlich auf ihnen reiten würde, konnte Volker Scholl nicht ahnen bei seinen frühen Ausflügen zu den Elefanten der Wilhelma, für die er als Schüler mitunter sogar den Unterricht schwänzte. Seinerzeit hatten die Dickhäuter ihr Gehege noch dort, wo heute das Insektarium steht. Und die Besucher durften sie mit Äpfeln füttern, im Tausch gegen eine Münze. Damals wie heute gehörten die Elefanten zu den beliebtesten Tieren im Zoo. »Wer einmal direkten Kontakt zu einem Elefanten hatte, vergisst das nie«, sagt Volker Scholl, der 1980 in der Wilhelma seine Tierpflegerlaufbahn begonnen und fünf Jahre später das Dickhäuterhaus mit seinen unterschiedlichen Bewohnern als Revierleiter übernommen hat.

Zur Elefantendame Zella, die 1972 mit vier Jahren als Wildfang aus Indien nach Stuttgart kam, hat der Tierpfleger ein besonders vertrautes Verhältnis. Das knapp vier Tonnen schwere Tier gehorcht ihm aufs Wort, was auch unbedingt notwendig ist im täglichen Umgang. Alle Pfleger im Dickhäuterhaus haben direkten Kontakt zu den Elefanten, um sie richtig versorgen zu können, etwa bei der morgendlichen Wechseldusche, die wichtig für die Hautpflege ist, so Volker Scholl. Gesunde Elefantenhaut fühlt sich nicht an wie Schmirgelpapier, sondern wie ein Radiergummi. »Je dunkler die Haut«, weiß der Pfleger, »desto gesünder ist sie.«

Frisch geduscht oder gebadet sind Zella und Pama fast schwarz, und auch ihr Appetit zeugt von bester Gesundheit der beiden Elefantendamen im fortgeschrittenen Alter. Hundert Kilogramm Heu, Gras und Stroh schaufeln die Pfleger pro Tag und Tier in das Gehege, dazu trinken Zella und Pama täglich bis zu 150 Liter Wasser. Damit die Elefantenkühe auch möglichst viel Abwechslung und Bewegung haben, gehen Scholl und die anderen Tierpfleger jeden Morgen mit ihnen im Park spazieren – ein begehrtes Fotomotiv für die Frühaufsteher unter den Besuchern. Oft weiß Zella dabei schon vorher, was ihr Pfleger gleich von ihr will. »Sie ist sehr wissbegierig und denkt immer mit, manchmal ist sie dabei aber etwas übermotiviert«, erzählt Scholl, der die Elefantenkuh Ende der 80er-Jahre zur »Hochzeitsreise« in den Züricher Zoo begleitet hat. Zwei Jahre lang hatte Zella sich dort mit dem Bullen Max das Gehege geteilt, der gewünschte Nachwuchs ist aber ausgeblieben, was Volker Scholl etwas bedauert. »Einen Babyelefanten aufwachsen zu sehen, wäre schon mal schön.«

INS LEBEN GEPLUMPST

Gerd Lorenz und die Giraffen

Hank hat es selten eilig. Hank ist der Größte. Hank ist der Boss. Mehr als fünf Meter misst der Giraffenbulle von den Hufen bis hinauf zu den kleinen Hörnern, was den Umgang mit ihm zu einer nicht ganz ungefährlichen Angelegenheit macht. Von Natur aus zwar mit einem friedlichen Charakter ausgestattet, können Giraffen ohne jede Vorwarnung mit beiden ihrer endlos langen Vorderbeine gleichzeitig ausschlagen, was im besten Fall ziemlich schmerzhaft werden kann. Auslöser für den unvorhersehbaren Angriff kann dabei alles Mögliche sein, etwa wenn sie sich vor einem lauten Geräusch oder einer schnellen Bewegung erschrecken, so der Tierpfleger Gerd Lorenz: »Wer mit Giraffen umgeht, sollte genau wissen, was er macht.«

Außerdem sollte er nach Möglichkeit nicht sonderlich geruchsempfindlich sein: Da Giraffen Wiederkäuer sind, haben sie meist einen ziemlich strengen Duft an sich, zumal wenn ihnen ein Rülpser entfährt. Tierpfleger Lorenz selbst, der seit 1975 mit Beginn seiner Ausbildung in der Wilhelma arbeitet, ist mit den persönlichen Eigenarten der Giraffen im Allgemeinen und dem Leitbullen Hank im Speziellen bestens vertraut. Sind die Tage im Freigehege noch kalt, muss Gerd Lorenz den offenbar etwas verfrorenen Giraffenbullen jeden Morgen »höflich« mit der Dirigierstange nach draußen bitten, um seine Box ausmisten zu können. Ein eingespieltes Morgenritual. »Wir haben uns aneinander gewöhnt«, sagt Tierpfleger Lorenz, der die eleganten Netzgiraffen auch schon in freier Wildbahn durch den Samburu-Nationalpark in Kenia galoppieren gesehen hat.

In der Wilhelma hat er in all den Jahren zudem zahlreiche Giraffengeburten miterlebt, die jedes Mal aufs Neue sehenswert sind: Die Giraffenmutter bringt ihr Jungtier stets im Stehen auf die Welt, weshalb der Nachwuchs sozusagen ins Leben plumpst. Knapp zwei Meter groß sind die Giraffenjungen bei ihrer Geburt, was die Landung ein wenig erleichtert. Ein Stückchen freier Fall muss allerdings sein, so Tierpfleger Lorenz, »damit die Nabelschnur abreißt«. Jüngster Nachwuchs ist das Giraffenmädchen Anna, das im Februar 2013 geboren wurde. Zusammen mit ihren beiden älteren Brüdern Malik und Kasper leben derzeit sechs Giraffen in der Anlage, die jeden Tag hundert Kilogramm Heu und Klee aus ihren Körben in luftiger Höhe futtern. Dazu bekommen sie noch einen Trog voll Gemüse und Kraftfutter. Wer Erster beim Fressen ist, versteht sich dabei von selbst: Hank, der Familienvater und große Boss im Giraffenhaus.

Netzgiraffen leben heute nur noch südlich der Sahara in den weiten trockenen Busch- und Baumsavannen. Das Verbreitungsgebiet erstreckt sich über die nördlichen Regionen Kenias. Ein besonders leistungsfähiges Herz sichert die Blutversorgung des Gehirns in über fünf Metern Höhe. Die normale Gangart der Giraffe ist der Passgang, wobei Vorder- und Hinterbeine einer Seite gleichzeitig bewegt werden. Im Galopp, bei dem der lange Hals als eine Art Balancierstange dient, erreichen die Tiere eine Höchstgeschwindigkeit von über 50 Stundenkilometern. Als die ersten Giraffen nach Europa gebracht wurden, kursierte aufgrund ihres Aussehens die Annahme, die Tiere seien eine Kreuzung einer Kamelstute mit einem Leoparden. Daher stammt die heute noch gültige wissenschaftliche Bezeichnung *Giraffa camelopardalis.*

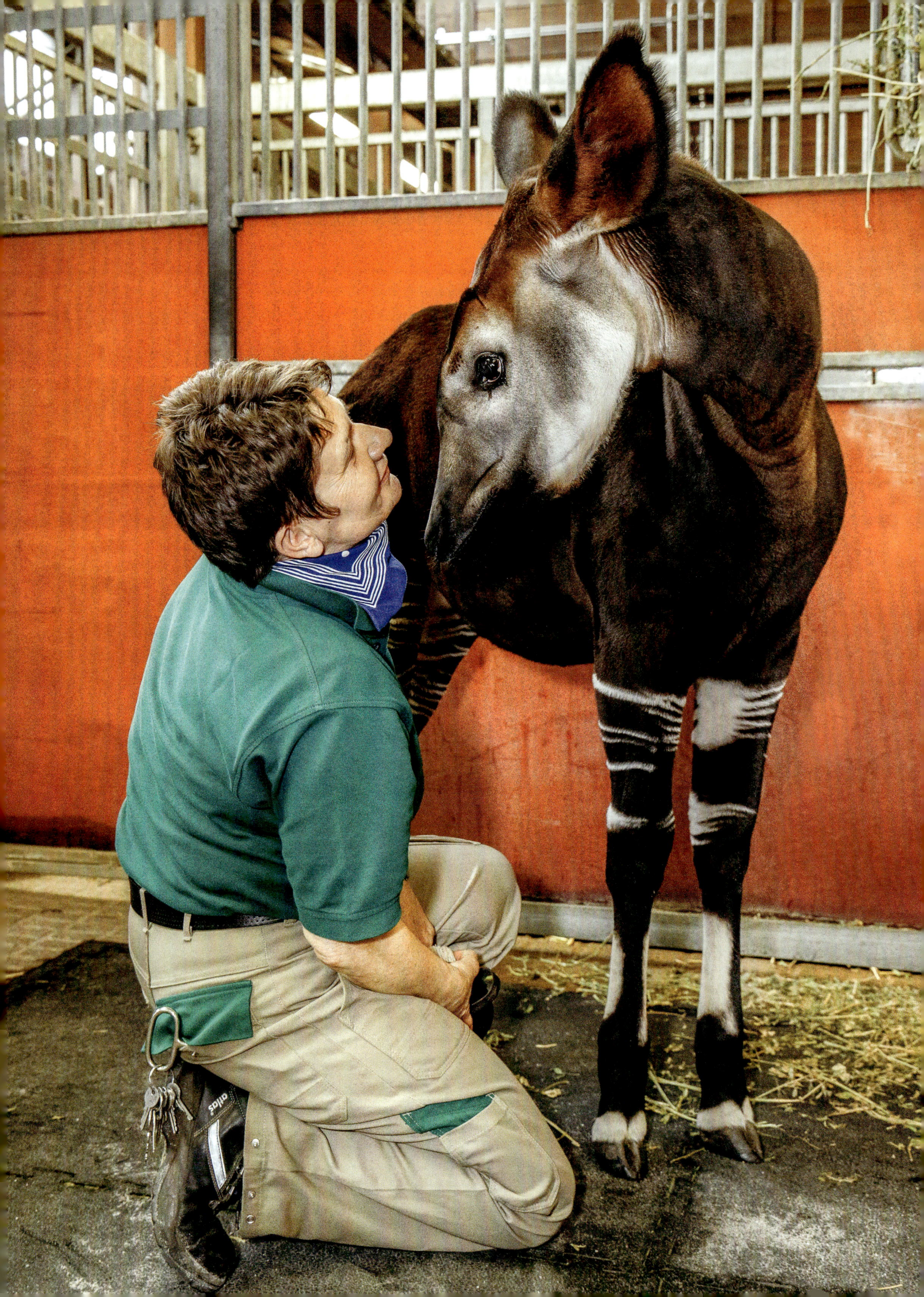
atlas

EIN STERN IST AUFGEGANGEN

Jolanta Ritschka und das Okapimädchen

Es ist der Stoff, aus dem Filme gemacht werden: die rührende Geschichte der kleinen Nyota, deren afrikanischer Name übersetzt Stern bedeutet. Ein Stern, der doch noch aufgegangen ist, wenn man so will. Im Juni 2012 geboren, hatte das Okapimädchen 16 Tage nach seiner Geburt völlig unerwartet seine Mutter verloren, die einem chronischen Nierenleiden erlegen war. Die Hoffnung der Pfleger schwand mit jedem Tag, an dem die Versuche scheiterten, das Jungtier mit der Flasche aufzuziehen. Nyota hatte sich bereits an das Euter und den Geruch der Mama gewöhnt. Lange Zeit sah es nicht so aus, als ob sie eine Überlebenschance hat – und doch haben die Pfleger zwischenzeitlich den ersten Geburtstag der kleinen und rundum gesunden Waldgiraffe gefeiert.

Der Weg dahin war allerdings mühsam und beschwerlich, wie Tierpflegerin Jolanta Ritschka erzählt, die selber viel zur Erfolgsgeschichte beigetragen hat. Zunächst war den Pflegern das Glück in Gestalt der Okapi-Kuh Ibina beigestanden, die sozusagen als Amme eingesprungen war und Nyota neben ihrem eigenen Sohn zumindest einigermaßen mit Milch versorgte. Ein wohl einmaliger Fall. In der Natur würden die scheuen Einzelgänger niemals Leihmutter spielen, erklärt Jolanta Ritschka, die schon immer von den Tieren Afrikas fasziniert war und schon etliche Safaris durch deren Heimat unternommen hat. Doch auch in Zoos hat bei Okapis eine solche Adoption bisher noch nicht funktioniert, in der Wilhelma klappte das Experiment glücklicherweise dennoch. »Ohne Ibina wären wir nicht mehr weitergekommen«, sagt die erfahrene Tierpflegerin.

Weil nicht klar war, wie lange der Milchfluss Ibinas reichen würde, versuchten es sie und ihre Kollegen weiterhin mit der Flasche. Gleichzeitig gingen die Zootierärzte neue Wege und beauftragten das Veterinäruntersuchungsamt, die Zusammensetzung der Okapi-Milch im Labor zu analysieren. Anschließend kreierte die Forschungsabteilung von Milupa auf dieser Basis ein auf Nyota abgestimmtes Ersatzmilchrezept. Davon trinken wollte das Jungtier aber dennoch nicht, bis ihre Pflegerin auf die Idee kam, die Beine des Tieres mit der Milch zu bespritzen. Beim Sauberlecken kam das reinliche Okapimädchen dann immer mehr auf den Geschmack, bis sie eines Tages schließlich doch aus der Flasche nuckelte. Nun wünscht sich Jolanta Ritschka, dass Nyota eines Tages selber Nachwuchs bekommt. Als endgültiges Happy End einer rührenden Geschichte.

Das **Okapi** hat seinen Lebensraum in den Tieflandregenwäldern im äußersten Nordosten der Demokratischen Republik Kongo. Die Kurzhalsgiraffe ist ein scheuer Einzelgänger und wurde trotz ihrer Größe erst zu Beginn des 20. Jahrhunderts entdeckt. Ihr Bestand gilt als gefährdet. Anders als die Steppengiraffen sind sie reine Waldbewohner, die mit ihrer Fellzeichnung bestens getarnt sind. Okapis leben die meiste Zeit als Einzelgänger. Weibliche Tiere besetzen kleinere Streifgebiete von drei bis vier Quadratkilometern, die sich mit den größeren Revieren der Männchen überlappen. Lediglich zur Paarung leben die Partner für einige Tage zusammen. Nach einer Tragezeit von 14 bis 15 Monaten wird ein einziges Jungtier geboren. Die Wilhelma ist einer von sechs Zoos in Deutschland, die Okapis halten. Bisher hat es hier zwölfmal Nachwuchs gegeben.

VOLLER VERTRAUEN

Lothar Haag und der Leopard

Schüchtern? Keine Spur! Wer Aman anmutig durch sein Freigehege spazieren oder geschmeidig auf die Bäume klettern sieht, kommt kaum auf die Idee, den stolzen Leopardenkater für außerordentlich schüchtern zu halten. Ein Prachtexemplar eines Leoparden, der wie gemalt in der Landschaft liegt. Bei seiner Ankunft im September 2012 hatte sich der »Vertrauenswürdige«, so die Bedeutung seines Namens in seiner asiatischen Heimat, allerdings noch ein wenig anders präsentiert, wie sich Tierpfleger Lothar Haag erinnert. Oft unscheinbar in einer Ecke im Gehege verkrochen, sah man meist weder die Schwanzspitze noch ein Schnurrbarthaar von ihm.

Zwischenzeitlich macht es sich Aman vorzugsweise in bester Leopardenmanier auf seinem dicken Aussichtsast mitten im Freigehege gemütlich, in exponierter Halbhöhenlage, ungerührt und besucherfreundlich. Die nordpersische Raubkatze hat sich zweifellos eingewöhnt in ihrer schwäbischen Heimat, was auch nicht weiter verwunderlich ist: Aman wandelt in der Stuttgarter Wilhelma nämlich auf den Spuren seines Vaters Chadang, der seinerseits hier geboren wurde und danach im Kölner Zoo lebte und für Nachwuchs sorgte. »Aman fühlt sich offenbar sehr wohl bei uns und hat Vertrauen zu den Pflegern gewonnen«, sagt Lothar Haag, der den im Mai 2006 geborenen Leopardenkater in seiner Eingewöhnungszeit besonders intensiv begleitet hatte.

Schließlich ist der schöne Aman eine seltene Kostbarkeit, ein Persischer Leopard, der in freier Wildbahn fast ausgestorben ist. Der Bestand der Tiere in Zoos ist ebenfalls überschaubar, weltweit sind es gerade einmal knapp 110 Exemplare. Nachwuchs ist daher dringend notwendig und überlebenswichtig für diese Art, weshalb die Tierpfleger nun großes Vertrauen in die Talente des »Vertrauenswürdigen« setzen. Aman soll in Stuttgart mit der Leopardendame Mesched, die seit 2002 gleich nebenan im äußeren Raubtiergehege lebt, einen möglichst umfangreichen Beitrag zur Arterhaltung beitragen, sprich für reichen Kindersegen sorgen. Nach der anfänglichen Schnupperphase am Gitter hatte das Leopardenpärchen auch schon ersten direkten Kontakt – das gewünschte Ergebnis lässt aber noch auf sich warten: Aman ist wohl noch nicht so weit. Geduld ist gefragt – die beiden brauchen noch etwas mehr Zeit, sagt Tierpfleger Lothar Haag. Nicht etwa, weil Aman gegenüber der Leopardendame zu schüchtern wäre. Keine Spur! Er geht es eher zu stürmisch an.

Leoparden sind extrem anpassungsfähig und gehören zu den Raubkatzen mit dem größten Verbreitungsgebiet. Es reicht vom südlichen Afrika bis ins östliche Asien und umfasst Lebensräume von der Wüste über Bergregionen bis zum Regenwald. Der Persische Leopard hat ein besonders dichtes und hell gefärbtes Fell mit großen Flecken und ist die größte der neun Unterarten, die ursprünglich im Iran, in Afghanistan und dem Kaukasus lebte. Heute kommt er nur noch vereinzelt in schwer zugänglichen Gebirgsregionen bis 4000 Meter vor. Der Bestand ist stark gefährdet. In der Wildbahn sind Leoparden strikte Einzelgänger, Katzen dulden nur zur Paarungszeit einen Kater in ihrer Nähe. Nach drei Monaten Tragzeit werden zwei bis vier Jungtiere geboren, die bis zu anderthalb Jahre lang bei der Mutter bleiben. In der Wilhelma leben der Leopardenkater Aman und die Katze Mesched.

WENN KATZEN NICHT WOLLEN

Lothar Haag und die Jaguardame

Ganz schön gemütlich. Eingekringelt auf dem erhöhten Aussichtsbrett liegen, ab und zu schläfrig in die Umgebung blinzeln – und sich dazu das schwarze Fell wohlig von dem Strahler wärmen lassen. Das gefällt der Jaguardame Petra, die auf ihre alten Tage ein wenig schwerfällig und behäbig geworden ist. Nach ihren großen Spuren im Schnee braucht Tierpfleger Lothar Haag an frostigen Wintertagen erst gar nicht mehr zu suchen. »Das ist ihr viel zu kalt«, sagt er. Und weil zwischenzeitlich wohl auch die Gelenke der Raubkatze nicht mehr so wollen, haben die Tierpfleger ihr eine bequeme Holztreppe ins Freigehege gebaut. Abstiegshilfe für müde Katzen. »Sie klettert auch nicht mehr so viel wie früher«, so der Tierpfleger.

Ende Oktober 1990 wurde die Jaguarkatze in der Wilhelma geboren, im gleichen Jahr hat der heutige Revierleiter im Raubtierhaus als Pfleger begonnen. Nach mehr als zwei Jahrzehnten Zusammenleben kennt Lothar Haag jede ihrer Bewegungen und Regungen – weshalb er bei aller Nähe und Vertrautheit eines niemals tun würde: zu Petra ins Gehege gehen. »Sie hat immer auf ihre Chance gelauert und würde keine Gelegenheit auslassen«, glaubt er. Ansonsten hat Haag die unerschrockene Jaguarkatze in all den Jahren als »extrem schlau und ehrgeizig« kennengelernt, wenn es etwa darum geht, einen Leckerbissen aus Kartons, Röhren oder Säcken zu holen. Und auch heute verbeißt sie sich dabei noch unermüdlich in ihre »Beute«.

Ohnehin hat Petra für ihr Alter noch tadellos gute Zähne und das typische starke Jaguargebiss, dem nicht einmal Schildkrötenpanzer widerstehen können. Immer wieder wird sie daher auch mit Kaninchen und anderen Tieren mit Fell gefüttert, was auch der Beschäftigung dient. Regelmäßig stäubt Tierpfleger Lothar Haag dafür auch Tannenzweige und andere Dinge mit Lebkuchengewürzen, Parfüm und anderen Duftstoffen ein, die er von überall her bekommt. Hat Petra etwas zu schnuppern, so weiß er aus Erfahrung, wird die Jaguardame meist aktiver. Mitunter ignoriert sie aber auch kühl sämtliche Bemühungen und die Tierpfleger dazu. »Sie tut dann so, als ob es niemanden außer ihr gibt«, sagt Haag. Sie dann zum Mitmachen bewegen zu wollen, wäre vergebliche Liebesmüh, was Lothar Haag in all den Jahren von ihr schnell gelernt hat, wie er sagt: »Wenn Katzen nicht wollen, lässt man sie besser in Ruhe.« Denn dann wollen sie es vermutlich lieber gemütlich.

Der **Jaguar** ist nach dem Tiger und dem Löwen die drittgrößte Raubkatze der Welt und das größte Landraubtier in Mittel- und Südamerika. Jaguare sind dabei deutlich stämmiger und schwerer als Leoparden, mit denen sie häufig verwechselt werden. Bei beiden Arten gibt es sogenannte Schwärzlinge, also Tiere, bei denen der schwarze Farbstoff Melanin verstärkt gebildet wird, was zu einer Verfärbung des von Natur aus gelblichen Fleckenfells führt. Seine Beute tötet der Jaguar nicht wie andere Großkatzen mit einem Biss in die Kehle der Beute, er knackt stattdessen deren Kopf mit Hilfe seines starken Gebisses. Der Bestand der Tiere ist unter anderem durch die voranschreitende Rodung des Regenwalds gefährdet. In der Raubtieranlage der Wilhelma lebt die Jaguarkatze Petra.

AFFEN-KINO UND KLETTERWALD

Wie die Wilhelma am Zoo der Zukunft baut

Im Zoo der Zukunft gibt es jede Menge Spielgeräte für Tiere, große Schautafeln und moderne Medienstationen für Besucher, Behandlungsräume für die Ärzte, Hängematten für Kinder, Planschbecken, kommentierte Fütterungen über Lautsprecher, Filmvorführungen für Menschen, ein Kino für Affen und vor allem eines: reichlich Platz für die tierischen Bewohner. Umgesetzt worden ist dieses zukunftsweisende Konzept mit der neuen Menschenaffenanlage der Wilhelma, die im Mai 2013 eröffnet worden ist und seither als modernste ihrer Art gilt. Eingezogen sind in der Anlage neben der momentan achtköpfigen Gorillafamilie und den derzeit vier Gorillakindern auch dreizehn Bonobos, die seither nicht nur ihr eigenes Filmprogramm wählen können, am liebsten Tierdokus und Zeichentrickfilme. In ihrem neuen Außengehege haben die Tiere, die anders als Gorillas überwiegend Baumbewohner sind, nun auch die Möglichkeit, nach Lust und Laune durch einen Kletterwald

Die neue Menschenaffenanlage der Wilhelma ist im Mai 2013 eröffnet worden.

Zum Konzept der Menschenaffenanlage gehört auch, den Besuchern auf großen Schautafeln, an Medienstationen und in einem Kino Geschichten über die Heimat und die Situation von Gorillas und Bonobos zu erzählen.

zu turnen oder sich am Stahlnetz hinaufzuhangeln und es sich in 14 Metern Höhe in Hängematten mit bester Aussicht bequem zu machen. Ein Quantensprung in der Tierhaltung, wie die zuständige Kuratorin Marianne Holtkötter sagt. »Die Anlage ist ein enormer Fortschritt für Tier und Mensch.«

Teil des neuen Konzepts, das maßgeblich von der Wilhelma selbst vorgegeben wurde, sind die naturnahen Lebensräume in den Freigehegen mit einem Naturboden, mit Bachläufen, Sumpfzonen, Felsen, Kräutern, Gras und Bäumen. Gleichzeitig wurde Bewährtes aus dem bisherigen Menschenaffenhaus und den 55 Jahren Erfahrung in der Haltung übernommen, so die Kuratorin. Dazu zählt auch, dass der Innenbereich nach wie vor vergleichsweise nüchtern gestaltet wurde, denn er muss gut zu reinigen sein. Natürlichen Komfort bietet ein eingestreuter Boden aus Pinienrinde, der bei Bedarf jederzeit herausgenommen werden kann.

Insgesamt haben Gorillas und Bonobos zusammen nun einen Lebensraum von knapp 4500 Quadratmetern, also rund 13-mal mehr Platz als in der alten Anlage, die sehr in die Jahre gekommen und nicht mehr zeitgemäß war. Mehr Platz bedeutet in diesem Fall auch, dass die sozialen Bedürfnisse der Tiere und die Erfordernisse bei der Aufzucht wesentlich stärker berücksichtigt werden können als bisher, wie die Kuratorin erklärt. So bietet die neue Anlage etwa in der Gorillawelt die Möglichkeit, sowohl außen als auch innen einen Be-

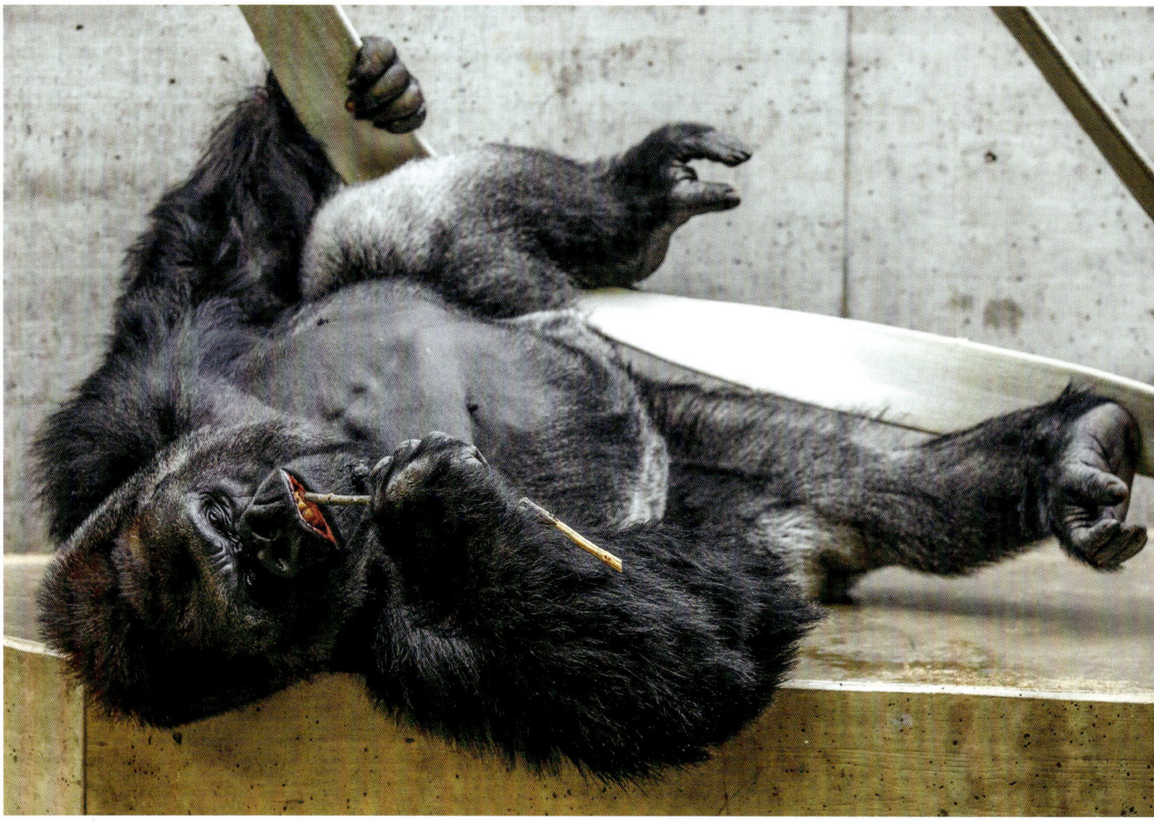

Silberrücken Kibo hat sich in seinem neuen Zuhause gut eingelebt.

reich abzutrennen, wenn es etwa Streit zwischen dem Silberrücken Kibo und einem seiner heranwachsenden Söhne geben sollte. Die Bonobos wiederum haben nun wie vom Europäischen Erhaltungszuchtprogramm (EEP) gefordert die Möglichkeit, sich entsprechend ihrer Sozialstruktur in mehreren flexibel miteinander kombinierbaren Außen- und Innengehegen zu einer großen Familie zusammenzuschließen oder sich wieder in kleinere Gruppen aufzuteilen. Durchdacht bis ins Detail. »Wir haben für die Anlage alle Erkenntnisse und Anforderungen zusammengetragen und umgesetzt«, sagt der Wilhelma-Direktor Dieter Jauch.

Eine neue Ära hat aber vor allem auch im Affenkindergarten begonnen, für den es in der Anlage eine Vielzahl von Verbesserungen gibt. In der neuen Aufzuchtstation haben die verwaisten oder verstoßenen

Die Bonobos bauen sich gerne gemütliche »Nester« aus Holzwolle und Stroh.

Der Gorilla-Nachwuchs im Affenkindergarten kann in direkter Nachbarschaft zur Gorillafamilie das Sozialverhalten in einer intakten Gruppe beobachten.

Jungtiere nun von Beginn an Kontakt zu einer Familiengruppe, was ihre Integration in eine solche Gruppe später enorm erleichtert. In direkter Nachbarschaft können sie nicht nur das Sozialverhalten in einer intakten Gorillafamilie beobachten, so Marianne Holtkötter, sondern sich auch gegenseitig riechen, hören und berühren. Im alten Jungtieraufzuchthaus am Maurischen Garten waren die Affenkinder noch unter sich. Zu den Gorillakindern, die dort großgezogen wurden, gehören auch Mary und Monza, die es zu einiger Berühmtheit gebracht haben. Selten hatte es in der Wilhelma solch einen Medienrummel gegeben wie bei ihrem ersten öffentlichen Auftritt. Ihre Fortschritte beim Krabbeln und Klettern wurden täglich von zahllosen Besuchern und Fernsehkameras verfolgt. Mary war von ihrer noch unerfahrenen Mutter verstoßen worden und hatte zunächst auf der Intensivstation der Uni-Kinderklinik Münster in einem Brutkasten aufgepäppelt werden müssen. Und der Gorillajunge Monza war von seinem Vater attackiert und so schwer am Bein verletzt worden, dass er sechs Wochen lang einen Gips tragen musste. Beide Affenkinder mussten daher von Hand mit dem Fläschchen hochgepäppelt werden, wofür es kaum einen besseren Platz als die Stuttgarter Aufzuchtstation gibt. Alleine 60 Gorillababys sind hier schon bisher erfolgreich aufgezogen worden.

Der Aufwand, der dafür betrieben werden muss, ist immens. Zunächst müssen sich die Affenkinder an ihre Ersatzmütter und die neue Umgebung gewöhnen. Sie werden rund um die Uhr im Dreischichtbetrieb betreut, selbst nachts schläft eine Tierpflegerin direkt am Kinderbettchen. Anfangs bekommen die Tiere neben einer Wärmflasche und einem Klammertuch als Fellersatz auch ein »Babyherz« mit ins Bett, ein kleines Gerät, das

Gorillamutter Mutasi und Tochter Milele halten im neuen Affenhaus gemeinsam eine Siesta.

den Herzschlag der Mutter simuliert und den Säugling beruhigen soll. Etwa alle zwei Stunden bekommen sie ein Fläschchen Milch. Wichtig für die Affenkinder ist zudem der Körperkontakt, auch dabei übernehmen die Tierpfleger so gut es geht die Rolle der Gorillamutter. Eine von ihnen ist Margot Federer. Die erfahrene Pflegerin kennt die Verhaltensweisen der Jungtiere genau und weiß, wie wichtig der frühe Kontakt zu Artgenossen ist, um die Gorillakinder später in eine bestehende Gruppe integrieren zu können. »Die Tiere dürfen nicht vermenschlicht werden«, betont sie.

Den Grundstein für die heutige Aufzuchtstation hat die Wilhelma-Tierpflegerin Gundi Scharpf gelegt, die verstoßene Menschenaffenkinder zusammen mit ihren Töchtern in der eigenen Wohnung aufgezogen hat. Ein Orang-Utan-Mädchen mit Namen Lea war das erste Adoptivkind, das die »Affenmutter« auf diesem unkonventionellen Weg aufpäppelte, knapp 35 weitere Affenbabys folgten in den 15 Jahren danach. Die Aufzucht der Tiere ist ein wichtiger Beitrag, den die Zoos für den Artenschutz leisten. Alle vier Großen Menschenaffen, Gorillas, Schimpansen, Orang-Utans und Bonobos, sind vom Aussterben bedroht. Jedes Tier zählt. Allein in der Wilhelma sind bereits mehr als 30 Gorillababys auf die Welt gekommen, kaum ein anderer Zoo weltweit kann sich über solch einen reichen Kindersegen freuen. Das jüngste Gorillamädchen, das im Februar 2012 geboren wurde, hat von ihren Tierpflegern den Namen Milele bekommen. Das ist Suaheli und bedeutet »für immer«. Für immer Stuttgarterin.

Verstoßene oder verwaiste Affenbabys müssen mit der Flasche von Hand aufgepäppelt werden, hier spielt die Pflegerin Thali Bauer Ersatzmutter.

Die Aufzuchtstation der Stuttgarter Wilhelma ist Anlaufstelle für Gorillakinder aus Zoos in ganz Europa.

DUNLOP
PUROFORT

GESCHICKT UND GEDULDIG

Julia Kaiser und die Orang-Utans

Es sind diese besonderen Momente, die so viel bedeuten können, deren Magie für immer in Erinnerung bleibt. Julia Kaiser verbindet ein Erlebnis dieser Art mit Caroline, der wissbegierigen Orang-Utan-Frau. Es beginnt damit, dass die Tierpflegerin an diesem Morgen wie sooft die Stocherdose im leeren Innengehege mit Honigwasser füllt. Ein Routinejob. Gefolgt von einer Schrecksekunde. Und einem Glücksmoment. Denn als sie die Orang-Utans wieder ins Gehege lässt, merkt sie, dass ihr bei der Arbeit ein Sechskantschlüssel aus der Tasche gerutscht ist. Lange überlegen, was nun zu tun ist, muss Julia Kaiser aber nicht – das übernimmt Caroline: Die Orang-Utan-Frau schnappt sich kurzerhand das verlorene Werkzeug und steckt es der Pflegerin durchs Gitter zu. Die kann es kaum fassen: »Sie hat genau gesehen, wie ich den Schlüssel verzweifelt angeschaut habe.«

Ohnehin ist die Tierpflegerin jeden Tag aufs Neue erstaunt, welche Fähigkeiten Menschenaffen haben, wie sie auf Situationen reagieren und wie unterschiedlich sie in Charakter und Persönlichkeit sind. Orang-Utans etwa haben am meisten Geschick und Geduld, was sie zu wahren Meistern im Umgang mit Werkzeug macht. Caroline ist dabei diejenige, die schwierige Aufgaben oft viel zu schnell löst und in Windeseile eine reife Mango oder andere Leckerbissen aus einem Futterlabyrinth balancieren kann. Zugleich ist die Orang-Utan-Dame, deren Tochter Conny ebenfalls in der Wilhelma lebt, morgens die Erste an der Gittertür«, so die Pflegerin: »Sie freut sich immer, wenn jemand kommt, den sie kennt.«

An den Orang-Utans fasziniert Julia Kaiser zudem die Ruhe, die sie ausstrahlen. »Die Tiere machen immer gut mit und es gibt nie Theater«, sagt sie. Die Arbeit mit ihnen ist dennoch eine Herausforderung für die Pfleger, weil die Baumbewohner so lernfähig und intelligent sind. So schiebt sich Caroline etwa immer wieder die blaue Regentonne vor die Stocherdose, um aus ihr in bequemer Sitzhaltung den süßen Inhalt fischen zu können. Um die Tiere täglich aufs Neue zu beschäftigen, muss man sich richtig was einfallen lassen, sagt Julia Kaiser, die vor ihrer Ausbildung zur Tierpflegerin Technische Zeichnerin gelernt hat. Als solche plant sie den Bau einer Schüttelbox mit verschiedenen Mechanismen. Dabei sollen die Orang-Utans durch Probieren und Überlegen herausfinden, welcher Weg zu Nüssen oder Popcorn führt – was vor allem der klugen Caroline wieder viel zu schnell gelingen wird, wie Julia Kaiser vermutet.

Die Population der **Orang-Utans** wird auf 25 000 Tiere geschätzt, die in den Regenwäldern von Borneo (stark gefährdet) und Sumatra (vom Aussterben bedroht) leben. Bedroht sind sie vor allem durch die Zerstörung ihres Lebensraums für die Anlage von Palmölplantagen. Orang-Utans sind die einzigen echten Baumbewohner unter den Menschenaffen und unterscheiden sich von Gorillas, Schimpansen und Bonobos auch durch ihr rotbraunes Fell und die langen Haare. In der Wilhelma sind bisher knapp 20 Orang-Utan-Babys großgezogen worden, das erste bereits 1967. Die Zusammensetzung der Gruppen in den Orang-Utan-Gehegen wechselt immer wieder. Neben dem Orang-Utan-Mann Moritz (geboren 1992) leben hier die Weibchen Sinta (1994) sowie Conny (1989), Moni (1977) und Caroline (1973), die alle drei in der Wilhelma geboren worden sind.

Die Wilhelma hält Greifstachler schon seit dem Jahr 1988. Das Weibchen Esperanza ist 2007 aus Französisch-Guayana nach Stuttgart gekommen, Herbie 2003 aus Buffalo (USA). Der natürliche Lebensraum der Tiere sind die Wälder von Südmexiko, Mittelamerika und Südamerika. Zusammen mit dem artverwandten Baumstachler, der in Nordamerika lebt, gehören sie in die Gruppe der Meerschweinchenverwandten und damit zu den Nagetieren. Greifstachler sind nachtaktiv und reine Pflanzenfresser, die hauptsächlich von Blättern und Früchten leben. Die Weibchen bringen meistens nur ein Junges pro Wurf zur Welt. Die Stacheln der Tiere dienen zu Verteidigung und sitzen sehr locker. An der Spitze haben sie kleine Widerhaken, mit denen sich die Stacheln beim Angreifer festsetzen.

FABELTIER MIT KNOLLENNASE

Mathias Roese und die Greifstachler

Ihre rosarote Knollennase zeigt Esperanza meist nur früh am Morgen oder abends, wenn es draußen schon wieder dunkel wird. Zwischendurch liegt Greifstachlerdame in ihrer Schlafkiste, mal mit Partner Herbie – und auch mal ohne ihn. Die behäbigen Nagetiere aus Südamerika, die eher an Fabelwesen aus einem Fantasyfilm erinnern, gelten als Eigenbrötler und sind untereinander recht streitsüchtig. So kommt es mitunter vor, dass der eine oder die andere aus der gemeinsamen Schlafkiste ausziehen muss, auffallend oft trifft es dabei das Männchen. Meistens vertragen sich die beiden aber und sind sehr umgängliche Tiere, sagt Pfleger Mathias Roese.

In deutschen Zoos sind die nachtaktiven Greifstachler nicht nur wegen ihrer Angewohnheit, den Tag zu verschlafen, äußerst selten zu sehen: Außer in der Stuttgarter Wilhelma werden sie nur noch im Zoo Frankfurt gehalten. Lange Zeit haben Esperanza und Herbie hinter den Kulissen der Wilhelma gelebt, seit August 2011 haben sie ihr Gehege im ehemaligen Jungtieraufzuchthaus, in dem auch die Krallenaffen und Varidame Mascha wohnen. Von den Besuchern werden sie seither auf Anhieb ins Herz geschlossen, sofern sie sich ihnen zeigen, erzählt Mathias Roese, der von den beiden morgens für ihre Verhältnisse regelrecht bestürmt wird, wenn er in ihr Gehege kommt. Sie lassen sich gerne über ihre weiche Knollennase streicheln und kitzeln ihrerseits mit ihren langen Barthaaren die Hand des Tierpflegers. Vor allem aber wollen sie ihre morgendliche Walnuss haben, mit der sie sich dann stundenlang beschäftigen können, sagt Roese, der seit 2002 in der Wilhelma arbeitet und nebenher Blindenhunde ausbildet.

Grund zur Eile haben die Greifstachler auch bei der Nahrungssuche in freier Wildbahn nicht: Sie ernähren sich vor allem von Blättern und Früchten, die in den Kronen der Regenwaldbäume wachsen. Dabei klettern die Tiere stets ruhig und bedächtig durchs Geäst, wobei sie mit ihren kräftigen Krallen und dem langen Greifschwanz trotz ihres eher plumpen Körpers problemlos auch bis in luftige Höhen kommen. Nachwuchs hat es bei den Greifstachlern in der Wilhelma schon mehrfach gegeben, zuletzt 2006. Die Babys sind bei der Geburt relativ groß, ihre Stacheln in den ersten vier Wochen aber noch weich und biegsam. Sind sie hart, können sie sich mit ihnen gegen Angreifer aller Art erfolgreich wehren, was für diese recht schmerzhaft werden kann, so Mathias Roese: »Das Kontrastprogramm zur weichen Knollennase.«

DAS ENDE DER EINSAMKEIT

Christina Schmidt und der Rote Vari

Blondie und Brauni haben ganze Arbeit geleistet. Die beiden Hühnchen haben geschafft, was andere vor ihnen vergeblich versucht hatten – Maschas Lebensmut zu wecken, sie auf ihre alten Tage wieder glücklich zu machen. Die Varidame war immer lethargischer geworden und hatte aufgehört zu fressen, nachdem ihr langjähriger Partner an Altersschwäche gestorben und sie alleine im einst gemeinsamen Gehege zurückgeblieben war. Erst hatten es die Pfleger mit Krallenaffen als neuer Gesellschaft versucht, dann mit Kaninchen. Doch alle Versuche scheiterten. Nun hat Mascha zwar mitunter auch noch schlechte Tage, ansonsten schmecken ihr die reifen Mangos und Papayas aber wieder wie früher. »Ungewöhnliche Situationen erfordern manchmal ungewöhnliche Maßnahmen«, sagt Christina Schmidt.

Wie neugierig Mascha nun wieder ist, kann die Tierpflegerin etwa jeden Morgen beobachten, wenn sie vor Öffnung frei im Besucherraum des Jungtieraufzuchthauses herumlaufen und den Pflegern bei der Arbeit zuschauen darf – natürlich zusammen mit Blondie und Brauni, ihren neuen Gefährten. Warum der einsame Halbaffe ausgerechnet an den beiden Hühnchen Interesse gezeigt und jetzt wieder mehr Lust am Leben hat, lässt sich schwer erklären. Vielleicht, weil Mascha sie von ihren früheren Ausflügen durchs Haus bereits gekannt hat, vermutet Christina Schmidt, die vor ihrer Tierpflegerausbildung einige Semester Biologie studiert und sich dabei vor allem für die Verhaltensforschung interessiert hat. Anfangs hatte Mascha ihre Mitbewohner, die jeden Tag ein Ei legen, erst neugierig beobachtet, erzählt sie. Nach und nach hat sich das Zusammenleben dann zu einem echten sozialen Miteinander entwickelt. »Wenn die Hühnchen ihre Körner gepickt haben, hat Mascha auch gefressen«, so Christina Schmidt.

Gerne lässt sie sich nun auch wieder von ihren Pflegern streicheln und von Hand füttern. Wie alle Varis bürstet auch Mascha ihr Fell jeden Tag sorgfältig mit ihrer »Putzkralle« am zweiten Zeh. Ansonsten verbringt sie ihre Zeit nach dem morgendlichen Spaziergang meist dösend, am liebsten in ihrem Außengehege, wenn die Sonne scheint. Christina Schmidt, die seit Juli 2012 Pflegerin in der Wilhelma in Stuttgart ist, hat jedenfalls wieder einen guten Eindruck von ihr. »Sie schläft zwar viel mehr als früher«, sagt sie. »Aber es geht ihr wieder gut und das Interesse an ihrer Umgebung hat wieder deutlich zugenommen.« Dank Blondie und Brauni, den beiden Therapie-Hühnchen.

Der Rote Vari ist eine Primatenart aus der Gruppe der Lemuren und damit ein Halbaffe. Die Tiere findet man ausschließlich auf der Halbinsel Mosoala im Osten Madagaskars, wo sich durch die frühzeitige Trennung der Insel vom Festland Lemuren in verschiedensten Formen entwickeln konnten. Die Varis bewohnen in Gruppen von zwei bis 16 Tieren die oberen Baumregionen des Regenwalds. Ihr dichtes Fell schützt sie vor Nässe. Ungewöhnlich ist, dass Varis ihre Jungtiere in einem Nest ablegen. Rote Varis zählen zu den stark gefährdeten Arten. Die Hauptgefahr stellt die Zerstörung ihres Lebensraumes dar, außerdem werden sie nach wie vor wegen ihres Fleisches gejagt. In der Wilhelma lebt ein Roter Vari, der sein Gehege im Jungtieraufzuchthaus hat.

WIE AUFGEZOGEN

Ute Schestag und die Springtamarine

Wer in direkter Nachbarschaft mit drolligen Gorillababys lebt, hat es eher schwer, die Aufmerksamkeit der Zoobesucher zu erregen. Den Springtamarinen gelingt dieses Kunststück mit Leichtigkeit – eins, zwei, drei, vier, fünf. Ein ganze Handvoll der rasanten Äffchen klettert, hüpft und springt wie aufgezogen durch das Gehege im Jungtieraufzuchthaus, was nebenbei den Kosenamen der südamerikanischen Tiere erklärt: Baumkobold. Erst nach 1900 entdeckt, gehören sie zu den ganz großen Seltenheiten unter den Neuweltaffen, über deren Leben in den Regenwäldern immer noch so gut wie nichts bekannt ist. Fest steht allerdings, dass sie nicht nur ziemlich lebhaft, sondern auch äußert neugierig sind, wie Tierpflegerin Ute Schestag nur zu gut weiß. Tut sich etwas Interessantes, hocken Diabolo, Carmen und die Jungaffen Mitu, Bauru und Irazu wie an einer Perlenkette aufgereiht an der Scheibe auf Beobachtungsposten. Gleich darauf turnen sie wieder in irrwitzigem Tempo durchs Geäst.

Ein Leben in Hochgeschwindigkeit, das auch die Tierpfleger in Atem hält. Entsprechend ihrem Temperament müssen die Springtamarine möglichst vielseitig beschäftigt werden, Abwechslung muss sein, sagt Ute Schestag. Jeden Tag bringt die Pflegerin der Affenfamilie daher neues Spielzeug, etwa Pappröhren, Hängematten, ein Stückchen Bananenstaude oder auch Dosen mit Futter darin. Damit ihnen die Pfleger bei Bedarf auch mal ohne viel Aufwand ein Antibiotikum oder eine Vitamintablette verabreichen können, sind die Tiere von Anfang an darauf trainiert worden, das Futter auch aus der Hand zu nehmen. Über die Jahre hat sich dabei ein Vertrauensverhältnis zwischen den Tamarinen und ihrer Pflegerin entwickelt. Öffnet Ute Schestag die Tür zum Gehege, um zu putzen, aufzuräumen oder Affenbrei aus Haferflocken, Kleie, Eiern und Quark zu servieren, kommen sie der Reihe nach angesprungen.

An die Stimme ihrer Pfleger haben sich die sprunghaften Tamarine mit den Jahren gewöhnt, schaut man ihnen zu lange und zu tief in die Augen, werden aber auch sie wie alle anderen Affen schnell missmutig, sagt Ute Schestag, die zwei Jahre lang in Costa Rica und Panama gelebt und in den dortigen Regenwäldern viele der Tiere erlebt hat, für die sie nun in der Wilhelma zuständig ist. Zankereien größeren Ausmaßes muss sie aber nur selten ins Reviertagebuch schreiben, meist rast die ganze Affenbande ausgelassen und vergnügt durchs Geäst – eins, zwei, drei, vier, fünf.

Der **Springtamarin** ist eine Primatenart aus der Familie der Krallenaffen, die 1904 vom Schweizer Naturforscher Emil Goeldi entdeckt wurde. Sie bewohnen die Urwälder am oberen Amazonas, das Verbreitungsgebiet umfasst den äußersten Westen Brasiliens, das südliche Kolumbien, das östliche Peru und das nördliche Bolivien. Springtamarine sind bestens an das Baumleben angepasst und können bis zu fünf Meter weit von Ast zu Ast springen. Über das Leben der Springtamarine in Wildnis ist so gut wie nichts bekannt. Sie unterscheiden sich von allen anderen Krallenaffenarten, weil die Weibchen statt Zwillingen nur ein Jungtier zur Welt bringen. Springtamarine mögen vor allem Früchte und Insekten, in der Wilhelma werden sie unter anderem mit selbst gezüchteten Heuschrecken, Mehlwürmern und Heimchen gefüttert.

MANEGE FREI!

Stefan Plaum und die Seelöwen

Der Dicke hat einiges gelernt, seit er in der Wilhelma und damit unter anderem in der Obhut von Stefan Plaum ist. Er kann feuchte Küsschen geben, röhrende Seelöwenlieder singen, mit der Schwanzflosse klatschen und sich flach auf den Steinboden legen. Eine Woche täglicher Übungsarbeit dauert es, wenn es gut läuft, bis ein neuer Trick einstudiert ist, was vor allem auch der Beschäftigung der Tiere dient. »Seelöwen sind ziemlich intelligent und lernen schnell«, sagt Tierpfleger Stefan Plaum, der im Wechsel mit seinen Kollegen bei den meist gut besuchten Fütterungen vorführt, was die Kalifornischen Seelöwen an unterschiedlichen Kunststücken im Repertoire haben.

Bei Unesco, wie der Seelöwenbulle eigentlich heißt, hatte es nach seiner Ankunft aus dem Karlsruher Zoo ein wenig gedauert, bis er sich in die eingespielte Gesamtchoreografie der Vorstellung eingefunden hatte. Der etwas ungestüme Seelöwe hatte einfach nicht die nötige Geduld, auf seinen Einsatz zu warten, erzählt der Pfleger. Zwischenzeitlich macht er seinen publikumswirksamen Handstand aber genau zum richtigen Zeitpunkt, während Bella am schönsten singt und Heringe klaut, Suzan am höchsten springt und Evi umarmt werden will. Insgesamt fünf Seelöwinnen leisten Bulle Unesco Gesellschaft, dazu schwimmen in jedem Jahr im Schnitt zwei bis drei Jungtiere durchs Cannstatter Mineralwasser, mit dem das Becken befüllt wird. Sobald die Seelöwenjungen nach einigen Monaten nicht mehr gesäugt werden, sondern Fisch fressen, werden sie entsprechend der Empfehlung des Zuchtbuchführers an einen anderen Zoo abgegeben.

Stefan Plaum, der gleichzeitig auch für die Menschenaffen zuständig ist, schätzt an der Arbeit mit den Seelöwen vor allem den direkten Kontakt zu den Tieren und er freut sich, wenn ein neuer Trick funktioniert. Dafür braucht der Pfleger neben der täglichen Übungszeit natürlich den einen oder anderen zusätzlichen Fisch zur Belohnung, insgesamt werden jeden Tag 40 Kilogramm Heringe im Seelöwenteich verfüttert. Am intensivsten trainiert der Tierpfleger dabei mit dem Bullen Unesco, der oft aufgedreht und nervös ist und daher möglichst viel Beschäftigung braucht, d. h. gefordert werden muss, so Stefan Plaum. Ideen hat er dabei noch einige. So schwebt dem Tierpfleger vor allem ein spektakuläres Finale bei der Fütterung vor: ein Rückwärtssalto aus dem Wasser auf Kommando. Den Sprung beherrscht der Dicke bereits, nur das Timing stimmt noch nicht.

Kalifornische Seelöwen gehören zu den Ohrenrobben und sind vor den Küsten von Mexiko bis Kalifornien verbreitet. Sie jagen neben Fischen mitunter auch Seevögel, außerdem fressen sie Muscheln, Tintenfische und andere Meerestiere. Auf der Futtersuche können Seelöwen bis zu hundert Meter tief tauchen und 15 Minuten die Luft anhalten. Ein ausgewachsener Bulle kann ein Gewicht von bis zu 300 Kilogramm erreichen. Der Bestand der nicht bedrohten Tierart wird auf 100 000 geschätzt. Seelöwen gelten als intelligente Tiere, die gut in Zoos zu halten sind, dabei aber gefordert sein wollen. Die Futterdressuren dienen daher in erster Linie der Beschäftigung der Tiere. Im Seelöwenteich vor dem Aquarium, der mit 370 000 Litern Cannstatter Mineralwasser gefüllt ist, leben ein Bulle und fünf Seelöwinnen mit ihren Jungtieren.

DER KAMPF UMS ÜBERLEBEN

Welchen Beitrag die Wilhema zum Artenschutz leistet

Sie ist die Grande Dame im Menschenaffenhaus: Mimi, die dienstälteste Gorillafrau der Wilhelma. Schon seit 1965 lebt sie im Stuttgarter Zoo, in den das Affenmädchen als erster Gorilla überhaupt gekommen war. Heute ist sie der Ruhepol der großen Familie, gelassen und freundlich, von allen geachtet und respektiert. Sogar Silberrücken Kibo lässt sich von ihr beschwichtigen. Meist reicht dazu ein Blick von Mimi, die selbst allenfalls dann etwas ungehalten werden kann, wenn das Futter nicht pünktlich um 11 Uhr morgens serviert wird. Ansonsten liegt sie gerne in der Hängematte, was sie sich auch verdient hat: Elf Kinder hat die liebevolle und fürsorgliche Mutter in der Wilhelma geboren, das erste, Töchterchen Mora, bereits 1973. Dazu kommen bisher 13 Enkel und acht Urenkel – womit Mimi einen beachtlichen Beitrag zur Arterhaltung geleistet hat.

Einen Beitrag, der lebenswichtig ist: Gorillas werden auf der Roten Liste der Weltnaturschutzorganisation IUCN mit der höchsten Gefährdungsstufe geführt, drei der vier Unterarten stehen demnach unmittelbar vor dem Aussterben. Um weltweit auf die massiv bedrohte Existenz dieser Menschenaffen aufmerksam zu machen, war 2009 als das »Jahr des Gorillas« ausgerufen worden. Höchste Zeit: Denn einerseits wird ihr Lebensraum durch die Abholzung der Regenwälder und die Bürgerkriege in ihrer afrikanischen Heimat immer kleiner, zudem werden Gorillas von Wilderern gejagt, weil ihr Fleisch nach wie vor auf einschlägigen Märkten zu guten Preisen gehandelt wird. Einigermaßen sicher sind die Tiere nur in kontrollierten Schutzgebieten wie etwa dem Virunga-Nationalpark am östlichen Rand der Demokratischen Republik Kongo, in dem mehrere Gruppen von Berggorillas leben. Unterstützt wird dieses wichtige Projekt auch von der Stuttgarter Wilhelma. In einer Box im Menschenaffenhaus werden dazu ausrangierte Handys gesammelt, die sich recyceln und damit zu Geld

Jedes Gorillababy, das in der Wilhelma geboren wird, ist ein wichtiger Beitrag zur Arterhaltung.

Wenige Tage nach der Geburt ist der Tigernachwuchs noch blind und damit ganz auf die Tigermutter Dumai angewiesen.

Auch die Sumatra-Tiger stehen auf der Liste der vom Aussterben bedrohten Tierarten.

machen lassen. Allein in den ersten drei Jahren sind so 16 000 Euro zusammengekommen, die unter anderem für die Ausrüstung und das Gehalt der Wildhüter vor Ort gespendet wurden.

Ein Beispiel von vielen. Wie fast alle modernen Zoos auf der ganzen Welt setzt sich auch die Wilhelma auf vielfältige Art und Weise für bedrohte Tierarten und Lebensräume ein. »Eine der wichtigsten Aufgaben, die ein Zoo leisten muss, ist der Natur- und Artenschutz«, betont der Wilhelma-Direktor Dieter Jauch. Neben den Sammel- und Spendenaktionen, bei denen auch die Besucher Schutzprojekte vor Ort gezielt unterstützen können, sind es vor allem auch die einzelnen Zuchtprogramme, die zur Arterhaltung beitragen. Dabei kann die Wilhelma auch einige schwergewichtige Erfolge nachweisen: insgesamt 16 Nashornbabys wurden hier seit 1971 geboren. Auch Panzernashörner, neben den Elefanten die monumentalen Riesen unter den Landsäugetieren, sind akut vom Aussterben bedroht. Ihr Horn galt und gilt noch heute als Wundermittel, das in chinesischen Apotheken teuer bezahlt wird. Ende des 19. Jahrhunderts wurde der Bestand weltweit noch auf etwa eine Million geschätzt, heute leben in freier Wildbahn nur noch ein paar Tausend Exemplare in Schutzgebieten am Südrand des Himalaja in Indien und Nepal.

Welche Weibchen und Männchen einer jeweiligen Art bei der Nachzucht verpaart werden, wird dabei in sogenannten Europäischen Erhaltungszuchtprogrammen (EEP) koordiniert. Unter anderem gilt es, Inzucht zu vermeiden, da dies auf Dauer schwache Nachkommen fördert. »Wenn ein Zoo langfristig gesunde, sich selbst erhaltende Tierpopulationen haben will, müssen sie eine möglichst große genetische Vielfalt erhalten«, erklärt Stefanie Reska, Biologin und Leiterin der Wilhelmaschule.

Sumatra-Tigerin Dumai wacht über ihren ersten Nachwuchs in der Wilhelma, der keine 24 Stunden alt ist.

Auch Eisbärmann Anton hat in der Wilhelma schon für Nachwuchs gesorgt und damit einen Beitrag zur Arterhaltung geleistet.

Daher ist es wichtig, dass die Zoos ihre Tiere untereinander austauschen. Die jeweiligen Daten werden dabei in Zuchtbüchern erfasst, von denen europaweit in den Zoos und Tiergärten derzeit rund 200 verschiedene geführt werden. Der Zuchtbuchführer und Koordinator des jeweiligen Programms gibt einmal im Jahr Zuchtempfehlungen heraus, die auf den gesammelten Daten basieren. Bei besonders bedrohten Arten werden ganze Zuchtprogramme erstellt. Über allem steht zudem noch ein übergeordnetes Komitee aus erfahrenen Tiergärtnern, das entscheidet, ob für eine bestimmte Art ein Erhaltungszuchtprogramm eingerichtet werden soll. »Das soll helfen, bedrohte oder für die Zoos wichtige Tierarten zu sichern«, erklärt Dieter Jauch, der selbst von 1993 bis 2000 Vorsitzender dieses Komitees war.

Zwischenzeitlich ist die Stuttgarter Wilhelma an knapp 60 verschiedenen Zuchtprogrammen beteiligt – vom Ameisenbär bis zum Zwergflusspferd. Gleichzeitig unterstützt der Zoo auch einige Auswilderungsprojekte. So werden etwa im österreichischen Rauris-Tal Wilhelma-Steinböcke ausgewildert, im Schwarzwald Auerhühner und in der Mongolei Przewalski-Wildpferde, die nur dank der Zoos überlebt haben. Die Ansiedlung der Zootiere in ihrer Heimat funktioniert aber nur, so Jauch, wenn der neue Lebensraum auch genügend Nahrung und Schutz bietet, etwa vor Wilderei. Daher setzt sich die Wilhelma zusammen mit Naturschutzorganisationen auch für den Erhalt von Lebensräumen der jeweiligen Tierart ein. »Das schafft gleichzeitig auch Platz für viele andere Arten«, sagt Jauch. Unter anderem hat

Durch die Gitterstäbe geschlüpft: Das Schneeleopardenbaby Laura bei einem ihrer Ausflüge durch die Wilhelma.

Extragroß: Bei Flusspferden fällt die Antibabypille riesig aus.

der Zoo gemeinsam mit dem Umweltverband BUND die Initiative »Schmetterlingsland Baden-Württemberg« ins Leben gerufen, weil bereits 80 Prozent der heimischen Tagesfalterarten auf der Roten Liste der bedrohten Arten stehen. »Artenschutz beginnt vor der eigenen Haustür«, sagt Jauch.

Jedes Jahr wird vom europäischen Zoo- und Aquarienverband EAZA zudem eine internationale Kampagne gestartet, um Artenschutzprojekte zu unterstützen. 2010 und 2011 wurden dabei in rund 300 Zoos mit Aktionen aller Art fast eine halbe Million Euro für Menschenaffen gesammelt, ein Teil davon stammte aus dem Spenden-Gorilla der Wilhelma. In der ersten EAZA-Kampagne im Jahr 2000 hatte das Thema »Bushmeat« im Mittelpunkt gestanden, der Kampf gegen den illegalen und kommerziellen Handel mit Wildtierfleisch, für das Affen, aber auch Elefanten oder Waldantilopen gejagt werden. Seither war unter anderem auch zum Schutz und der Unterstützung von Nashörnern und Tigern aufgerufen worden.

Im Zoo der Zukunft soll der Artenschutz nun noch konsequenter und zielgerichteter als bisher betrieben werden. Dazu müsse auch die Anzahl von derzeit über 1000 Tierarten »auf eine vernünftige Zahl reduziert werden«, sagt Wilhelma-Direktor Jauch. Ziel dabei ist, den verbliebenen Arten mehr Lebensraum und Platz einrichten zu können. Zu den Auswahlkriterien zählen allen voran der Grad der Gefährdung sowie die Erfahrungen mit der Nachzucht, dazu kommen noch weitere »Grundüberlegungen«, so Jauch. So sind die Flusspferde der Wilhelma wohl eher ein »Auslaufmodell«, da sie nicht bedroht und Jungtiere nur schwer in andere Zoos zu vermitteln sind. Flusspferddame Rosi bekommt daher schon seit Jahren die Pille. Anders liegt der Fall bei den Menschenaffen, die massiv bedroht sind und auch in Zoos zuverlässig Nachwuchs bekommen. Die Bonobos und Gorillas konnten daher in eine neue und wesentlich größere Anlage mitten im Herzen des Zoos umziehen, die Orang-Utans haben im Gegenzug die alte Anlage ganz für sich und damit ebenfalls wesentlich mehr Platz als zuvor. »Menschenaffen sind hoch charismatische Tiere«, sagt Dieter Jauch, »über die man gute Geschichten erzählen kann.«

Im Spendengorilla wird Geld für verschiedene Artenschutzprojekte gesammelt.

KONZERT MIT PLASTIKEIMER

Jasmin Milde und die Brüllaffen

Montega hat ihrer Pflegerin einiges zu verdanken – ihren Namen beispielsweise. Jasmin Milde hatte das frisch geborene Brüllaffenmädchen eines Morgens im Frühdienst als Erste in dem Gehege im Amazonienhaus entdeckt, weshalb sie sich nach alter Sitte unter Tierpflegern auch einen Namen für das Äffchen aussuchen durfte. Seither ist Montega sozusagen ihr Patenkind, zu dem Jasmin Milde ein ganz besonders inniges Verhältnis hat, so die Tierpflegerin, die vor lauter Affenliebe manchmal an den langen Haaren gezogen wird. »Sie freut sich immer, wenn ich komme«, sagt sie.

Ausgesucht hatte sich Jasmin Milde den Namen auf einer Karte von Südamerika, dem natürlichen Lebensraum der Tiere. Er sollte schließlich zu ihr passen, sagt sie. Ziemlich passend ist zudem auch der Name Brüllaffe selbst, den die Tiere ganz zu Recht tragen: Ihre tiefen Stimmen sind in den Wäldern Amazoniens kilometerweit zu hören. Mit ihren Brüllkonzerten im Morgengrauen und in der Abenddämmerung markieren die Affen ihr Revier. »So weiß jede Gruppe, wo das Territorium der Nachbarn beginnt«, erklärt Jasmin Milde, die seit 2008 Pflegerin im tropisch warmen Amazonienhaus ist, in dem aber eher selten gebrüllt wird. Offenbar haben sich Yara und Miles, das Brüllaffenpaar, daran gewöhnt, dass sie hier keine Konkurrenz fürchten müssen. Das ändert sich allerdings schnell, wenn die Pfleger die Plastikeimer ausspritzen, was sich für die Affen wohl wie Brüllen anhört, auf das sie antworten, wie Jasmin Milde erklärt: »Dann wird es hier unangenehm laut.«

Zu überhören sind Brüllaffen kaum, zu sehen sind sie in der Natur dagegen nur schwer. Das gilt insbesondere für die Jungtiere, die allesamt mit einem blonden Fell geboren werden – auch wenn es Schwarze Brüllaffen sind. Der Name leitet sich vom schwarzen Fell des erwachsenen Männchens ab, die Weibchen tragen grundsätzlich strohblond. Damit sich die Jungtiere am Bauch der Mutter gut getarnt und kaum sichtbar festklammern können, hat die Natur auch für sie ein blondes Fell vorgesehen. Erst im Alter von etwa zweieinhalb Jahren färben sich die jungen Männchen dann schwarz. Neben Montega leben derzeit noch zwei Affenjungs im Amazonienhaus, weiteren Nachwuchs wird es aber zunächst keinen geben: Brüllaffenweibchen Yara trägt ein Hormonimplantat. Bei den nur wenigen Zoos, die Schwarze Brüllaffen halten, ist es schwer, Jungtiere zu vermitteln, erklärt Jasmin Milde. Ihr Patenkind Montega will sie ohnehin nicht mehr hergeben.

Schwarze Brüllaffen bewohnen das mittlere und südliche Brasilien sowie Teile von Bolivien, Paraguay und Argentinien. Ihr Lebensraum sind Regenwälder und saisonal auch Trockenwälder. Die Tiere halten sich zumeist in den Bäumen auf, sie bewegen sich dabei aber relativ langsam und bedächtig durch die Baumkronenregion. Sie sind reine Pflanzenfresser, die sich überwiegend von Blättern ernähren und dabei an ihrem muskulösen Greifschwanz hängen. Um den niedrigen Nährwert ihrer Blätternahrung auszugleichen, benötigen Brüllaffen lange Verdauungspausen: sie ruhen etwa 80 Prozent des Tages. Aufgrund seines großen Verbreitungsgebietes, seiner Fähigkeit, auch mit vom Menschen veränderten Lebensräumen zurechtzukommen und der Größe seiner Territorien ist der Schwarze Brüllaffe weniger gefährdet als andere südamerikanische Primaten.

Breitschnauzenkaimane sind in weiten Teilen Südamerikas verbreitet. Das Gebiet erstreckt sich über Brasilien, Bolivien, Paraguay und Argentinien. Sie bewohnen vorzugsweise küstennahe Flüsse und Sümpfe. Je nach Region pflanzen sich die Tiere zu verschiedenen Zeiten fort. Dabei legen die Weibchen bis zu 80 Eier in Nester, die sie drei Monate lang bis zum Schlüpfen bewachen. Zuvor schichten sie um das Gelege Pflanzenteile, durch deren Zersetzungswärme die Eier ausgebrütet werden. Die vier Breitschnauzenkaimane der Wilhelma, die im Amazonienhaus leben, stammen von einer Krokodilfarm in Argentinien. Dort werden die stark bedrohten Panzerechsen gezüchtet, um sie später auszuwildern. Sie werden einmal in der Woche gefüttert, unter anderem mit ausgenommenen Hühnchen, Fischen, Mäusen und Ratten.

VON ZICKIG BIS GELEHRIG

Daniel Wenning und die Breitschnauzenkaimane

Beim Streit um den besten Platz unter dem Heizstrahler kann es schon mal bissig zugehen. Breitschnauzenkaimane mögen es schön warm. Doch Tierpfleger Daniel Wenning kennt die Zankereien und achtet darauf, dass es die Alligatoren nicht zu wild treiben. Zur Not trennt er sie behutsam mit einem Stock. »Die Stimmung beruhigt sich dann schnell«, sagt er. Vier Kaimane leben im Amazonienhaus, drei Weibchen und Marajo, der Bulle. Die Tiere sind von Natur aus Einzelgänger, genauso verschieden ist ihr Charakter. Marajo ist trotz seiner Größe und Kraft der ruhende Pol, den kaum was aus der Ruhe bringt. Siri, die Bissige, hat ein eher zickiges Naturell. Kaja ist die Gefräßige, die gerne auch Bananen verschlingt. Und Rana ist das gelehrigste Tier, das am meisten mit sich machen lässt.

Daher hat sich der Pfleger auch sie für spezielle Übungsstunden ausgesucht: Ein medizinisches Training, bei dem die Tiere lernen sollen, auf Zuruf das Maul zu öffnen. Gewöhnen sich die Panzerechsen daran, ist es wesentlich leichter, eine Wunde zu versorgen, den Gaumen auf Krankheiten zu kontrollieren oder ein Antibiotikum zu spritzen. Andernfalls müsste das Reptil betäubt werden, was durch den Panzer nur schwer möglich ist. Erste Lernerfolge haben Lehrer und Schülerin bereits erzielt. »Rana macht ihre Sache ziemlich gut«, sagt Wenning, der auch zu Hause unter Reptilien lebt: Neben Vogelspinnen und Frettchen hält er auch etliche Schlangen.

Bevor der Tierpfleger in das Gehege steigt, kündigt er sich mit einem Pfiff an. Die Tiere sind sehr schreckhaft und könnten aggressiv reagieren, wenn sie überrascht werden. In welcher Stimmung sie sind, erkennt Wenning an ihrer Körpersprache. Streckt der Bulle den Schwanz steil aus dem Wasser, ist noch mehr Vorsicht als sonst geboten. »Dann hat er schlechte Laune«, sagt Wenning. Viel verrät ihm zudem die Farbtönung der Tiere, deren Haut gräulich bis olivbraun ist. Fühlen sie sich wohl, färben sie sich dunkler, bei Unbehagen werden sie hell. Ein Farbenspiel, das Kaimane seit Urzeiten treiben. Nur bei Rana kann der Pfleger darauf nicht gehen, sie ist von Natur aus hellgelb, so Wenning, der mitunter im Neoprenanzug in einen Sicherheitskäfig steigt, um die Unterwasserscheibe von innen zu schrubben. Die Tiere haben sich zwar daran gewöhnt, ein zweiter Pfleger ist aber stets dabei. »Man muss immer hellwach sein«, sagt Wenning. Denn bei Kaimanen kann es ganz schön bissig zugehen.

Wilhelma

IMMER IN BEWEGUNG

Thomas Rapp und die Nasenbären

Ein Pfiff – und sie sind weg. Die Nasenbärinnen Salsa, Chacha und Bärtha gehören zweifellos zu den schreckhaften Vertretern ihrer Art, die sich lieber einmal zu oft in Sicherheit vor einer vermeintlichen Gefahr bringen. An vollen Tagen zeigen sich die drei daher eher selten den Besuchern, obwohl Nasenbären eigentlich von Natur aus sehr neugierige und lebhafte Tiere sind, wie Pfleger Thomas Rapp auch im Innengehege oft beobachten kann. Was immer er den Südamerikanerinnen dort zum Spielen gibt, wird umgehend gründlich untersucht – ob Röhren, Bälle oder Dosen mit allerlei Leckerbissen darin. »Nasenbären brauchen sehr viel Beschäftigung, sie sind immer in Bewegung«, sagt Rapp, der im Jahr 2003 mit seiner Tierpflegerlehre in der Wilhelma begonnen hat und zwischenzeitlich Revierleiter im Amazonienhaus ist, zu dem auch das Gehege der Nasenbären gehört.

Mit ihrer beweglichen Rüsselnase, der sie ihren Namen verdanken, können die Kleinbären extrem gut riechen, außerdem sind sie ziemlich geschickte Kletterer. Auch Salsa, Chacha und Bärtha turnen leidenschaftlich gerne durch die Felsenanlage im Freien oder über das große Holzgerüst im Innengehege, zu dem auch ein Schwebebalken zum Balancieren und andere Raffinessen gehören. Mindestens genauso gerne machen sie es sich zwischendurch aber auch in ihrer Felsenhöhle mit Wärmestrahler und Fußbodenheizung bequem. In der Natur verbringen Nasenbären einen Großteil ihrer Zeit in den Bäumen, von denen sie kopfüber wieder herunterklettern. Hoch oben in den Baumkronen, außerhalb der Reichweite von Pumas und Jaguaren, halten Nasenbären auch die mittägliche Siesta und ihre Nachtruhe. Und auch die Jungtiere werden in luftiger Höhe in einem Baumnest geboren.

Die Nasenbärinnen der Wilhelma schlafen dagegen lieber aneinandergekuschelt in einer Box, erzählt Thomas Rapp. Mehrmals am Tag bekommen sie ihr Futter, das meist im Heu verstreut oder versteckt wird, um die Tiere zu beschäftigen. Mit ihrer feinen Nase stöbern sie in kürzester Zeit jedes Versteck auf, was eine Herausforderung für den Einfallsreichtum der Pfleger ist, so Rapp. Ihre langen Ringelschwänze, die ansonsten der Balance dienen, stellen Nasenbären bei der Nahrungssuche oft wie Fahnenstangen senkrecht auf, damit sie sich gegenseitig besser sehen können. Denn auch wenn es ums Fressen geht, bleiben Salsa, Chacha und Bärtha stets äußerst wachsam. Wittern sie Gefahr, pfeifen sie einmal kurz – und husch, sind sie weg.

Der Südamerikanische **Nasenbär** ist eine Raubtierart aus der Familie der Kleinbären und als Einziger dieser Spezies tagaktiv und gesellig. Weibchen und Jungtiere leben in Gruppen von bis zu 20 Tieren, die Männchen sind Einzelgänger. In der Natur kommen Nasenbären vom Süden der USA bis nach Argentinien vor. Ihr Lebensraum sind Wälder aller Art, etwa der tropische Dschungel. Sie sind aber auch in Wüstenrandgebieten verbreitet. Nasenbären sind Allesfresser mit einem echten Raubtiergebiss. Auf dem Speiseplan stehen Früchte, Eier, Insekten, Würmer, Schnecken, Eidechsen, Frösche, Jungvögel und Nagetiere. Zu den Feinden der Nasenbären, die 16 bis 17 Jahre alt werden können, zählen Greifvögel, Riesenschlangen und Raubkatzen wie Pumas, Jaguare und Jaguarundis. Das Nasenbären-Gehege in der Wilhelma befindet sich neben dem Amazonienhaus.

VIELE ZWEIFLER KURIERT

Isabel Koch und die Vogelspinne

Rosi ist eine Schönheit. Rothaarig, wohlgeformt und mit bezaubernd langen Beinen. Dennoch löst ihr purer Anblick bei vielen Besuchern Angst und Entsetzen aus, was Isabel Koch aus Erfahrung weiß und auch immer wieder aufs Neue erlebt. Eine Vogelspinne!!! Die achtbeinigen Krabbeltiere stehen meist ganz unten auf der Beliebtheitsskala, ihr Image ist denkbar schlecht, und den Menschen gruselt es ordentlich davor. »Der Ekelfaktor bei Spinnen ist riesengroß«, sagt Isabel Koch.

Umso ehrgeiziger sind die Ziele der Kuratorin für Insekten, Fische und Reptilien: Im neu gestalteten Insektarium der Wilhelma, das im Jahr 2002 zusammen mit der tropischen Schmetterlingshalle eröffnet wurde, sollen die Besucher von ihrem Ekel befreit werden, Ablehnung soll sich in Neugier verwandeln, Abscheu in Interesse. Die schöne Rosi hilft Isabel Koch dabei so gut sie kann, als Schulungsspinne mit besonderem Auftrag – und besonderen Eigenschaften. Die Rote-Chile-Vogelspinne gehört von Natur aus zu den ganz ruhigen Vertretern ihrer Art, die sich problemlos auf die Hand nehmen lassen, friedlich sitzen bleiben, sofern sie nicht allzu sehr geärgert werden. Bei Kindergeburtstagen oder Führungen durchs Haus hat Vogelspinne Rosi zwischenzeitlich schon auf zahlreichen Händen gesessen und dabei viele Zweifler kuriert. »Spinnen fühlen sich viel angenehmer an, als vermutet wird. Wenn man die Faszination des Tieres hautnah erlebt, ist für Ekel kein Platz mehr«, sagt Isabel Koch.

Faszinierend findet die Kuratorin, die Biologie studiert und anschließend zunächst sieben Jahr lang im Naturkundemuseum gearbeitet hat, vor allem die Widerstandsfähigkeit der Spinnentiere und Insekten, die mit fast allen Bedingungen zurechtkommen und den ganzen Planeten bevölkern. »Das sind echte Überlebenskünstler«, sagt Isabel Koch. Wie viele verschiedene Insekten es gibt, weiß niemand so genau. Etwa anderthalb Millionen Arten sind derzeit wissenschaftlich erfasst. »Vermutlich gibt es aber noch einmal so viele, die nicht bekannt sind«, sagt Isabel Koch. Im Insektarium wird ein ausgewähltes Spektrum faszinierender Krabbeltiere gezeigt, darunter auch fünf, sechs verschiedene Arten von Vogelspinnen, die teilweise mangels freier Terrarien hinter den Kulissen gehalten werden. Auch Schulspinne Rosi hat derzeit dort ihren Platz – sofern sie nicht auf den Händen mutiger Besucher sitzt: rothaarig, wohlgeformt und mit bezaubernd langen Beinen.

Grammostola rosea, im Deutschen auch »Rote Chile« genannt, ist eine **Vogelspinnenart** aus Chile. Die Tiere legen sich in nasser, lockerer Erde Wohnröhren an, die ihnen als Rückzugsort dienen. Sie erreichen eine Körperlänge von fünf bis sieben Zentimetern, ihre Färbung kann von leuchtendem Rot bis zu Dunkelbraun variieren. In Regionen mit großen jahreszeitlichen Schwankungen halten sie einige Monate Winterruhe. Wie alle Vogelspinnen ist auch die »Rote Chile« ein Lauerjäger, der sich hauptsächlich von Insekten wie etwa Schaben ernährt, seltener auch von kleinen Säugetieren. Spinnentiere gehören wie Insekten und Krebse zur Klasse der Gliederfüßer. Im Unterschied zu den Insekten haben sie keine Facettenaugen, sondern mehrere teils leistungsstarke Punktaugen. Spinnen haben zudem acht Beine, Insekten nur sechs.

EINER VON DER SCHNELLEN SORTE

Elena Kemmler und die Brillenpinguine

Die Vorstellung vom kälteunempfindlichen Bewohner im ewigen Eis der Antarktis können sie beim besten Willen nicht erfüllen: die Brillenpinguine, die ihr Gehege gleich am Eingang der Wilhelma haben. Sind die Felsen dort im Winter unter einer dicken Schneeschicht begraben, muss Elena Kemmler immer wieder erklärend eingreifen, wenn sie Zoobesucher sagen hört, dass die Brillenpinguine sich jetzt ja richtig wohlfühlen. Tun sie nicht unbedingt, betont die Tierpflegerin, denn weder der Südpol noch der Nordpol sind ihre Heimat, sondern die Küstenregionen von Südafrika und Namibia mit ihrem mediterran-atlantischen Klima. »Mit dem Wetter in Europa kommen sie in der Regel aber gut zurecht«, sagt Elena Kemmler, die auf einem kleinen Bauernhof mit allen möglichen Tieren aufgewachsen ist und sich nie etwas anderes vorstellen konnte, als Tierpflegerin zu werden.

Insgesamt 37 Pinguine leben derzeit in der Kolonie, jedes einzelne Tier ist unterschiedlich in Aussehen und Charakter, so Elena Kemmler. Zu ihren Favoriten gehört vor allem Pinguin Paul, den die Pflegerin während ihrer Lehre in der Wilhelma daran gewöhnt hat, Fisch aus der Hand zu fressen. Manche Kandidaten sind eher scheu, wenn sie für die Umgewöhnung von der Mutter weggenommen werden. Paul war von Beginn an »einer von der schnellen Sorte«, der während der täglichen Fütterungen gerne immer noch auf Elena Kemmlers Schoß hüpft und sich dort die Heringe schmecken lässt. Die meisten der zehn bis 15 Küken, die in der Pinguinanlage jedes Jahr von September an den Herbst und Winter über ausgebrütet werden, kommen entsprechend der Empfehlung des Europäischen Erhaltungszuchtprogramms nach einiger Zeit in andere Zoos. Pinguin Paul ist eines der wenigen Jungtiere, die in Stuttgart bleiben durften.

Vor dem ziemlich scharfen Schnabel der Brillenpinguine hat Elena Kemmler, die ihre Ausbildung im Juli 2012 abgeschlossen hat und seither im Vogelrevier mit rund 80 verschiedenen Arten arbeitet, bei aller Nähe zu Paul immer noch großen Respekt. Die Vögel können damit unangenehm zwicken, wenn sie etwa für eine Untersuchung oder eine DNA-Analyse, um das Geschlecht der Pinguine zu bestimmen, gefangen werden müssen. Zwar trägt die Tierpflegerin dabei dicke Lederhandschuhe. »Schmerzhafte Begegnungen mit einem Pinguinschnabel«, sagt sie, »bleiben dabei aber dennoch nicht aus.«

Der Bestand der **Brillenpinguine** hat in den letzten Jahrzehnten stark abgenommen und wird auf weniger als 10 000 Brutpaare geschätzt. Sie sind vor allem durch stark befahrene Tankerrouten vor den Küsten und die damit verbundene Ölverschmutzung bedroht. Brillenpinguine, die auf der Roten Liste als »Gefährdet« geführt werden, stehen in allen Ländern unter strengem Artenschutz. Darüber hinaus leben etwa 1500 Brillenpinguine in Zoos, deren Erhaltung in einem internationalen Zuchtprogramm koordiniert wird. Die Brillenpinguine in der Wilhelma werden zweimal am Tag mit fangfrisch gefrosteten und wieder aufgetauten Heringen gefüttert. Zur Regulierung des Mineralhaushalts werden in den Futterfischen Salztabletten versteckt. Um sicherzustellen, dass jeder Pinguin die ihm zugedachte Tablette frisst, werden sie früh darauf trainiert, ihren Fisch aus der Hand des Pflegers zu nehmen.

DAS BADHAUS DES KÖNIGS

Der Weg der Wilhelma zum Zoologisch-Botanischen Garten

Es war einmal ein König, der von einem Märchenschloss aus dem Morgenland träumte, einem zauberhaften Ort von unvergleichlicher Schönheit und Romantik. Was sich anhört wie der Anfang einer Erzählung aus Grimms Märchenbuch, ist der Beginn der Geschichte der Stuttgarter Wilhelma. Sie führt zurück in das Jahr 1829, in dem im Park des frisch erbauten Schlosses Rosenstein jene Mineralquellen entdeckt werden, für die Bad Cannstatt noch heute weithin bekannt ist. Der kostbare Fund weckt in König Wilhelm I. von Württemberg (1781–1864) den Wunsch, sich im Schlosspark eine Sommerresidenz mit Badhaus bauen zu lassen. Einige Jahre lang trägt der Monarch seinen Wunsch im Herzen mit sich herum, bis im Jahr 1837 schließlich der Architekt und Aquarellmaler Karl Ludwig von Zanth (1796–1857) den Auftrag für die Planung erhält. Der Entwurf des gebürtigen Breslauers, der in Stuttgart aufs Gymnasium und im Architekturbüro des Hofbaumeisters Ferdinand von Fischer in die Lehre gegangen war, richtet sich nach der Ordre des Königs, das Gebäude »im gotischen oder lieber maurischen Stil« zu bauen. Der Architekt entwirft nach der maurischen Art. Die arabischen Bauten und deren Stilelemente hatte er zuvor auf einer Sizilienreise kennengelernt. Seither ist der begabte Baumeister, nach

Der historische Eingangspavillon der Wilhelma, vom Architekten Karl Ludwig von Zanth geplant und im Jahr 1843 vollendet, wird heute als Kassenhaus genutzt.

dessen Plänen unter anderem auch die Inneneinrichtung des 1840 vollendeten Wilhelmspalais gestaltet wurde, von der Exotik dieser Bauwerke fasziniert.

Inspiriert auch von der Alhambra, dem berühmten maurischen Palast im spanischen Grenada, will Zanth ein bis ins Detail durchkomponiertes Gesamtkunstwerk am Neckar schaffen. Doch die Zeit scheint nicht reif dafür zu sein. Die große Hungersnot, unter der das ganze Land gelitten hatte, liegt nur wenige Jahre zurück. Und in Zeiten politischer und gesellschaftlicher Umwälzungen zögert der König, die Kosten für das ehrgeizige Vorhaben aufzubringen. So gehen einige Jahre ins Land, bevor im April 1842 nach Zanths handgezeichneten Entwürfen endlich das Fundament für das Badhaus des Königs gelegt werden kann. Nach viereinhalb Jahren Bauzeit wird das maurische Gebäude dann am 30. September 1846 anlässlich der Hochzeit des Thronfolgers Karl mit der russischen Zarentochter Olga Nikolajewa feierlich eingeweiht.

In den Jahren danach wird die schwäbische Alhambra kontinuierlich zu jener prachtvollen Anlage ausgebaut, die noch heute in Teilen erhalten ist und das Bild der Stuttgarter Wilhelma prägt. Rund um das Badhaus, dem heutigen Maurischen Landhaus, plant der Architekt Karl Ludwig von Zanth zunächst einen großen Garten »in der Art der fürstlichen Landsitze Italiens«, wie er selber »diese Villa« bezeichnet. Nach und nach wird die Parkanlage dann zunächst durch eine Orangerie, mehrere Gewächshäuser und einen Wintergarten ergänzt. Für exotisches Flair sorgen gleichzeitig die großen Sammlungen an Kamelien, Azaleen, Orchideen, Pelargonien, Liliaceen, Fuchsien und anderen damals noch fremden Pflanzen, die König Wilhelm I. aus aller Herren Länder nach Stuttgart bringen lässt. Zudem werden neben Orangen- und Zitronenbäume auch Magnolien gepflanzt, in der damaligen Zeit eine Kostbarkeit, die auch der moderne Monarch in seinem Park haben will. Alleine im Jahr 1844 werden »70 Magnolien verschiedener Arten« bestellt, von denen noch etliche erhalten sind. Insgesamt stehen heute 79 verschiedene Magnolien in der Wilhelma, die meisten davon im Maurischen Garten, der jedes Frühjahr in einem roten und weißen Blütenmeer versinkt.

Auf der Suche nach einem Namen für die Märchenwelt schlägt der deutsche Orientalist Heinrich Ewald »cl Wilhelmie« vor, was dem König aber nicht zusagt. Stattdessen wird die Anlage 1845 auf seine Anweisung hin schlicht Wilhelma genannt. Dieser Name und Wilhelms Leitspruch »Auf Gott vertraue ich und handle treu« werden in arabischer Schrift über den Eingängen und im Wandelgang des Maurischen Gartens in Stein gehauen, was typisch ist für den maurischen Baustil. Der Architekt Zanth versteht es gekonnt, die Sprache der Alhambra in seinen Plänen aufzunehmen, er achtet dabei auf jedes Detail und betritt etwa mit seinen Eisenkonstruktionen für die Gewächshäuser auch Neuland. Der Aufwand für die weitläufige Anlage und die Gebäude mit ihrem kostbaren Zierrat wird dabei allerdings so

Gegenwart trifft Vergangenheit: Ein Pfau hat es sich auf einer der historischen Tierskulpturen gemütlich gemacht.

Damals und heute: Das Belvedere oberhalb der Subtropenterrassen ist seit seiner Vollendung im Jahr 1851 einer der schönsten Aussichtspunkte der Wilhelma mit Blick zur Grabkapelle auf dem gegenüberliegenden Württemberg. Der Pavillon, der nicht begehbar ist, bildet mit seiner Lage am Rosensteinhang den krönenden Abschluss der gesamten historischen Anlage.

immens, dass das Projekt immer wieder vom Einstellen bedroht ist. So teilt der König von Württemberg seinem Hofbaumeister etwa Anfang März 1848 mit, »daß es wünschenswert erscheine, die Bauarbeiten an der Wilhelma einzustellen, insofern es mit den Verbindlichkeiten vereinbar ist, welche in dieser Beziehung gegenüber von den Accordanten eingegangen worden sind.« Doch Zanth, der 1844 mit dem Ritterkreuz des Ordens der Württembergischen Krone ausgezeichnet und damit in den Adelsstand erhoben wird, versteht es immer wieder geschickt, den König so für seine Pläne zu begeistern, dass dieser trotz aller Vorbehalte bezüglich der Kosten sein Refugium immer weiter ausbauen lässt.

Dass am Neckar etwas Einmaliges geschaffen wird, hat sich zu diesem Zeitpunkt längst in ganz Europa herumgesprochen. Der Wiener Orientalist Joseph von Hammer-Purgstall (1774–1856) etwa schreibt begeistert: »In Deutschland verdient keine Stadt mehr den Namen Bagdscheserai, das ist Gartenstadt, als Kannstatt bei Stuttgart, nicht nur wegen der schönen und sinnreichen Wasserkünste des Gartens, sondern auch wegen des maurischen Baues des königlichen Lustschlosses Wilhelma, welcher die morgenländischen Wunder der Alhambra in das Zaubertal des Neckars versetzt und an Schönheit und Merkwürdigkeit gewiß den von allen Beschreibern der Krim so hoch gepriesene Zauber des Palastes von Bagdscheserai bei weitem an Schönheit und Romantik übertrifft.«

Zanth selbst notiert 1855 im Vorwort zu seinem Werk »Die Wilhelma – Maurische Villa seiner Majestät des Königs Wilhelm von Württemberg:« »Die maurischen Bauformen waren in jenen Tagen noch nicht dazu berufen gewesen, als Vorbild bei einem Bauunternehmen von einiger Bedeutung zu dienen, dieses Vorrecht hatten bis dorthin die Bauweisen der Griechen und Römer, der Byzantiner und Italiäner, endlich der Spitzbogen. Mit Ausnahme der Moschee in dem Garten von Schwetzingen bei Manheim, [...], war meines Wissens, [...] kein ernster Versuch gemacht worden, die maurischen Bauformen, welche dem Klima und der Bedürfnissen ihres Heimatlandes entsprechend, einem wesentlich verschiedenen Himmelsstriche anzupassen.« Der Hofbaumeister ist sich von Beginn an bewusst, welch schwere und anspruchsvolle Aufgabe er übernommen hat, setzt sich aber mit zunehmender Begeisterung und Ausdauer dafür ein. Immer mehr vertieft er sich während des Ausbaus in die Geheimnisse der orientalischen Bauweise und setzt sich dabei auch mit den wissenschaftlichen Erkenntnissen seiner Zeit auseinander.

Mehr als 20 Jahre dauern die Arbeiten an der Wilhelma, deren Vollendung aber weder der Architekt noch der König erleben. Nach Karl Ludwig von Zanths Tod, der auf dem Stuttgarter Hoppenlau-Friedhof seine letzte Ruhestätte findet, wird unter anderem in der Wand des Wandelgangs, der die beiden Wohngebäude mit dem prachtvollen Kuppelsaal und den anderen Räumen verbindet, noch ein Küchenbau eingefügt. Zudem werden zusammen mit dem als Bekrönung gedachten Belvedere, einem kleinen Pavillon oberhalb der Terrassen, ein Stallgebäude mit Wagenremise und vor allem die sogenannte Damaszenerhalle gebaut. Verantwortlicher Architekt zu dieser Zeit ist Professor Wilhelm Bäumer (1829–1895), damals Lehrer am Stuttgarter Polytechnikum. Das 1864 nach Bäumers Plänen vollendete Gebäude, das in Form und Gestaltung den maurischen Stadthäusern von Damaskus nachempfunden wurde und daher seinen Namen hat, dient zunächst zur Fasanen- und Hühnerhaltung. Die Damaszenerhalle ist das letzte Bauwerk in der Wilhelma, das im maurischen Stil errichtet wird und gleichzeitig das einzige historische Gebäude aus dieser Zeit, das den Zweiten Weltkrieg völlig unbeschädigt übersteht.

Vor der historischen Damaszenerhalle ist nach den Plänen des Architekten ein großes Wasserbecken angelegt worden, der sogenannte Lange See, der heute Heimat der Pelikane und Kormorane ist.

Nach dem Tod König Wilhelms I., der in der Grabkapelle auf dem Württemberg neben seiner zweiten Frau Katharina (1788–1819) beigesetzt wird, fällt die maurische Parkanlage zunächst in Dornröschenschlaf. Sie war Kleinod, Refugium und Zufluchtsort des Königs und lange Zeit nur ausgewählten Besuchern vorbehalten gewesen. So weist der schwäbische Monarch den Vorstand der Bau- und Gartendirektion am 15. August 1856 schriftlich an, »daß er lediglich Niemanden in die Wilhelma einzuführen befugt sei, da diese Erlaubnis-Erteilung nur von Sr. Maj. höchstselbst oder in seiner Abwesenheit von dem Oberhofmeisteramt auszugehen habe«. Welche Ehre es bedeutet, in die Wilhelma eingelassen zu werden, geht auch aus einem Brief Otto von Bismarcks (1815–1898) hervor, dem späteren Reichskanzler, der 1855 eine Audienz in der Wilhelma hatte: »Der König befahl aus freien Stücken, daß mir seine Villa, die Wilhelma gezeigt werden solle und ließ mich in Hofequipage dazu abholen. Diese Erlaubnis wird so selten gegeben, daß Seckendorff mir sagte, ich könne sie höher als ein Großkreuz anschlagen«. Auch große Feste werden in der Wilhelma kaum gegeben. Glanzvoller Höhepunkt und rühmliche Ausnahme sind die sogenannten »Stuttgarter Kaisertage« vom 25. bis 28. September 1853, als sich Zar Alexander II. und Napoleon III. in Stuttgart zu politischen Verhandlungen treffen.

Fast zwei Jahrzehnte dauert der Dornröschenschlaf, bis im Jahr 1880 die Wilhelma für jedermann geöffnet wird, der eine Eintrittskarte kauft. Nach dem Ende der Monarchie und der Auflösung des württem-

Das schönste und größte Gebäude der Wilhelma war der Maurische Festsaal, der 1851 als Ort für königliche Feiern, Empfänge und Bälle erbaut wurde. Von ihm blieb nur am Seerosenteich ein kleiner Teil der Originalfassade erhalten, der später ins Aquarium integriert wurde.

Das Maurische Landhaus wurde 1846 von Karl-Ludwig von Zanth als Badhaus geplant, dann aber als Wohngebäude mit Gewächshaus gebaut. Nachdem es im Zweiten Weltkrieg zerstört wurde, ist es im Jahr 1971 wieder aufgebaut und im Jahr 2002 restauriert worden.

bergischen Hofes geht die Anlage 1918/1919 dann in Staatsbesitz über und wird als botanischer Garten mit einer Orchideen- und Kakteensammlung sowie Azaleen-, Rhododendron- und Magnolienblüten betrieben. Höhepunkt dieser Zeit zwischen zwei Weltkriegen ist im Jahr 1939 die Reichsgartenschau, auf der die Wilhelma mehr Auszeichnungen erhält als alle übrigen öffentlichen Gartenbetriebe Deutschlands zusammen. Der Tiefpunkt folgte wenige Jahre später, im Oktober 1944, als die Anlage bei den Bombenangriffen im Zweiten Weltkrieg fast völlig zerstört wird und das Ende der Wilhelma besiegelt scheint. Aus den prachtvollen Tagen übrig geblieben sind nur der maurische Garten mit seinen geometrischen Formen, Reste des Wohngebäudes mit den Gewächshäusern, das Küchengebäude im Wandelgang, der Eingang zum Festsaal, der Belvedere-Pavillon und vor allem die Damaszenerhalle, die 1992 sorgfältig restauriert wurde und heute als kleines Museum der Wilhelma-Geschichte dient und zudem in Stuttgart beliebter Trauungsort ist.

Nach dem Krieg wird die umgepflügte Anlage zunächst als Anbaufläche für Gemüse genutzt, mit dem die Stuttgarter Krankenhäuser versorgt werden. Um wieder Besucher in den zerstörten Park zu locken, kommt der damalige Direktor Albert Schöchle (1905–1998) schließlich auf die Idee, den Besuchern neben den Pflanzensammlungen auch Tiere in der Anlage zu zeigen. Den Beginn machen einige Sonderausstellungen wie eine Aquarienschau, »Tiere des Deutschen Märchens«, »Schlangen, Saurier und Krokodile«, »Afrikanische Steppentiere« oder »Indische Dschungeltiere«. In den Amtsstuben des für die Wilhelma zuständigen Finanzministeriums rufen die »wilden Tiere« einige Skepsis hervor, die Besucher dagegen sind begeistert. Trotz so manch anfänglicher Widerstände kann Direktor Schöchle, der nach eigenem Bekunden zu Beginn nie die Absicht hatte, einen Zoo zu gründen, seinen Tierbestand beständig vergrößern. Gleichzeitig entsteht eine Vielzahl neuer Gebäude. So wird das Wohngebäude König Wilhelms zur Tropenhalle mit Nachttierabteilung umgebaut. Und wo einst der prachtvolle Festsaal stand, befindet sich heute die Krokodilhalle. Und so ist das Märchenschloss aus dem Morgenland mit den Jahren zu dem geworden, was es heute ist: Deutschlands einziger Zoologisch-Botanischer Garten.

DIE CHRONIK DER WILHELMA

1806	Württemberg wird Königreich.
1816	Wilhelm I. wird nach dem Tod seines Vaters Friedrich I. mit 35 Jahren König von Württemberg.
1822	Baubeginn von Schloss Rosenstein, das nach einem Entwurf des italienischen Hofbaumeisters Giovanni Salucci im klassizistischen Stil errichtet und 1830 fertiggestellt wird. Das umgebende Gelände wird als englischer Park angelegt.
1829	Im Rosensteinpark wird Mineralwasser gefunden. König Wilhelm I. wünscht den Bau eines Badehauses.
1837	Der Architekt Karl Ludwig Zanth beginnt mit der Planung für ein Badehaus im maurischen Stil und mit dem Bau des Wilhelma-Theaters, das am 29. Mai 1840 mit der Ballettpantomime »Der Zauberschlaf« eingeweiht wird.
1842	Der Bau des Badehauses wird begonnen, das auf Anweisung des Königs »Wilhelma« heißt. Es wird ein relativ komfortables Wohngebäude mit mehreren Räumen, darunter einem großen Kuppelsaal und zwei angrenzenden Gewächshäusern. Am 20. September 1846 wird die »Wilhelma« anlässlich der Hochzeit von Kronprinz Karl mit der russischen Großfürstin Olga eingeweiht.
1844	Als abschließende Krönung der Anlage wird oberhalb des Wohngebäudes und der dahinterliegenden Terrassen ein Pavillon im maurischen Stil gebaut, das Belvedere.
1853	Mit der Fertigstellung des Wintergartens ist der zentrale Teil der Wilhelma nach den Plänen des Architekten Zanth vollendet.
1857	Karl Ludwig von Zanth stirbt im Alter von 61 Jahren.
1864	Fertigstellung der Damaszenerhalle nach den ergänzenden Plänen des Architekten Wilhelm Bäumer. Die Arbeiten an der historischen Wilhelma werden abgeschlossen. Am 25. Juni stirbt Wilhelm I. auf Schloss Rosenstein im Alter von 82 Jahren. Sein Sohn Karl, der kinderlos bleibt, wird württembergischer König.
1891	Wilhelm II., Sohn des Prinzen Friedrich von Württemberg und dessen Frau Prinzessin Katharina von Württemberg, einer Tochter von König Wilhelm I., wird vierter und letzter König von Württemberg.
1918/19	Die Wilhelma geht mit der Auflösung des württembergischen Hofes und dem Ende der Monarchie in Staatsbesitz über und wird als botanischer Schaugarten mit einer Orchideen- und Kakteensammlung sowie Azaleen-, Rhododendron- und Magnolienblüten als Hauptattraktionen öffentlich zugänglich gemacht.
1933	Albert Schöchle wird Leiter der Wilhelma.
1944	Am 19. und 20. Oktober wird die Wilhelma bei Luftangriffen fast völlig zerstört.
1945–48	In den ehemals königlichen Gärten wird Gemüse angebaut, das hauptsächlich der Versorgung der Stuttgarter Krankenhäuser dient.
1949	Wiedereröffnung der Wilhelma am 19. März, am 3. Juni wird eine Aquarienschau gezeigt.
1951	Mit der Sonderschau »Afrikanische Steppentiere« beginnt die Haltung von Giraffen, Zebras und Antilopen.
1953	Eröffnung eines Kleinraubtierhauses und eines Affenspielgeheges als erste feste Anlagen.
1956	Im November erteilt die Landesregierung die Weisung, den Tierbestand nicht mehr zu vermehren, da keine Mittel mehr vorhanden wären. Am 21. September wird daher der Verein der Freunde und Förderer der Wilhelma gegründet.
1958	Mit drei Schimpansen beginnt die Haltung von Menschenaffen in der Wilhelma.

1961/62	Der Landtag von Baden-Württemberg genehmigt den weiteren Ausbau der Wilhelma.
1962	Eröffnung des im Krieg zerstörten Maurischen Landhauses, das für Tiere und tropische Pflanzen ausgebaut worden ist. Es beherbergt die erste Nachttierabteilung Europas.
1967	Am 27. April wird das große Aquarium/Terrarium mit einer Krokodilhalle und dem ersten weißen Krokodil an der Stelle des zerstörten Maurischen Festsaales eingeweiht. Gleichzeitig wird der Betriebshof fertiggestellt. Ein Orang-Utan-Baby ist der erste in der Wilhelma geborene Menschenaffe.
1968	Als erstes Bauvorhaben im Zuge der Wilhelma-Erweiterung wird der 250 Meter lange Bau für Raubtiere und Dickhäuter eingeweiht. Der Förderverein stiftet eine Freianlage für kleine Säugetiere.
1970	Wilbert Neugebauer wird Direktor der Wilhelma.
1974	Der Haupteingang wird wegen der wachsenden Besucherzahl erweitert. Erstgeburt eines Schimpansen.
1977	Die Freianlage für südamerikanische Tiere wird zur Bundesgartenschau in Stuttgart eröffnet.
1979	Am 12. Juli wird das erste Insektarium in der Wilhelma eröffnet. Gleichzeitig werden sieben Großvolieren für Greifvögel fertiggestellt.
1980	Eröffnung der Anlage für afrikanische Huftiere mit sechs Stallgebäuden und zwölf Freianlagen am 23. Mai.
1981	Am 16. September werden die Subtropen-Terrassen für Papageienvögel, Waldrappen und Totenkopfäffchen mit einer Vielzahl an exotischen Pflanzen eingeweiht. Zudem beginnt die Wilhelma mit der Haltung von Okapis.
1982	Das Jungtieraufzuchthaus, das nur mit Hilfe des Vereins der Freunde und Förderer erbaut werden konnte, wird am 30. Juni eingeweiht. Es zeigt die Aufzucht junger Menschenaffen und die Brutfürsorge verschiedener Säugetiere und Vögel.
1984	Am 16. Oktober wird das Kiwi-Nachthaus eröffnet.
1989	Dieter Jauch wird Direktor der Wilhelma.
1991	Mit der Einweihung der Anlage für Bären am 11. Juni beginnt in der Wilhelma die Haltung von Eisbären, Brillenbären und Syrischen Braunbären. Zu den Neuzugängen für die Anlage gehören zudem auch Biber, Otter, Schneeziegen, Schneeleoparden und Mähnenwölfe.
1992	Die sanierte und restaurierte Damaszenerhalle wird am 12. November wiedergeöffnet und seither als Museum zur Geschichte der historischen Wilhelma genutzt.
1993	Der Schaubauernhof wird im Rahmen der Internationalen Gartenbauausstellung (IGA) 1993 eröffnet, die Vogelfreifluganlage vor Pfingsten den Besuchern zugänglich gemacht.
2000	Am 17. Januar wird das Albert-Schöchle-Amazonienhaus eingeweiht, im Juni der große Spielplatz direkt gegenüber.
2002	Am 28. März wird das Insektarium mit der Schmetterlingshalle eingeweiht.
2006	Die komplett sanierte und neu gestaltete Krokodilhalle wird eröffnet.
2009	Der neu gestaltete Haupteingang mit einem neuen Wilhelma-Shop geht in Betrieb.
2011	Einweihung der Wilhelmaschule, die unter anderem Führungen für Schulklassen und Kindergärten anbietet.
2013	Nach knapp dreijähriger Bauzeit wird am 14. Mai mit einem Festakt die neue Menschenaffenanlage für Gorillas und Bonobos eröffnet. Die 10 000 Quadratmeter große Anlage zählt zu den modernsten ihrer Art in europäischen Zoos.

MIT HILFE VIELER FREUNDE

Die neue Menschenaffenanlage in der Wilhelma gehört zu den modernsten Tierhäusern, die in deutschen Zoos gebaut worden sind. Knapp 4500 Quadratmeter Platz haben die Gorillas und Bonobos in den Innen- und Außengehegen, die den Tieren einen artgemäßen Lebensraum und auch den Besuchern wesentlich mehr Komfort und ein Erlebnis der besonderen Art bieten.

Engagiert: Geschäftsführerin Nicole Englert, Sonja Wild und Annette Schmierer vom Verein der Freunde und Förderer der Wilhelma.

Dass die Anlage im Mai 2013 eröffnet werden konnte, ist vor allem auch dem Förderverein der Wilhelma zu verdanken, der in seiner langen Geschichte schon eine Vielzahl von Bauten ermöglichte. 9,5 Millionen Euro hat der Verein allein für die Menschenaffenanlage gestiftet, also fast die Hälfte der Gesamtkosten von rund 22 Millionen Euro.

Gegründet worden ist der Verein der Freunde und Förderer der Wilhelma im September 1956, als Zweck schrieben die Gründungsmitglieder seinerzeit in die Satzung: »Der Verein will die Einrichtungen des Zoologisch-Botanischen Gartens Wilhelma in Stuttgart-Bad Cannstatt und die dort betriebenen Forschungen fördern und unterstützen sowie das Interesse der Bevölkerung an diesen und an der Tier- und Pflanzenkunde im Allgemeinen wecken und pflegen.« In den ersten Jahren wurden die Mitgliedsbeiträge und eingesammelten Spenden vor allem dafür verwendet, den Tierbestand auszubauen. So konnten damals die ersten drei Schimpansen angeschafft werden, die den Beginn der Menschenaffenhaltung in der Wilhelma bedeuteten. Später beteiligte sich der Förderverein auch am Kauf mehrerer Gorillas, bei deren Nachzucht die Wilhelma zwischenzeitlich weltweit führend ist. Und er bezahlte über 100 000 Mark für das Panzernashornweibchen Nanda und leistete damit einen weiteren Beitrag für den Erhalt einer vom Aussterben bedrohten Tierart.

Entscheidend geholfen hat der Förderverein aber vor allem bei der Finanzierung diverser Bauten und Anlagen. So hat er sich etwa am 1982 eröffneten Jungtieraufzuchthaus mit einer Million Mark beteiligt, an der Anlage für Bären und Klettertiere mit 3,5 Millionen Mark und am Amazonienhaus, in dem die Besucher seit dem Jahr 2000 ein echtes Stück Regenwald erleben können, mit 7,9 Millionen Mark. Welche Projekte unterstützt werden, wie etwa auch die Kinderturnwelt, wird im Vorstand des Vereins in enger Abstimmung mit der

Auch das Amazonienhaus ist zu einem beträchtlichen Teil vom Förderverein mitfinanziert worden.

Wilhelma besprochen und entschieden. »Ohne den Verein und seine finanziellen Möglichkeiten wären viele Projekte in der Wilhelma nicht entstanden«, sagt Georg Fundel, Stuttgarter Flughafenchef und seit vielen Jahren Vorsitzender des Fördervereins: »Das Affenhaus ist ein großartiges Beispiel von bürgerschaftlichem Engagement. Ohne den Verein wären die Affen noch viele Jahre in ihrer alten Behausung.«

Ganze 221 Mitglieder zählte der Förderverein ein Jahr nach seiner Gründung Ende 1957, zehn Jahre dauerte es, bis die Tausendergrenze überschritten war. Eine Werbekampagne Mitte der 80er-Jahre brachten dem Verein dann fast 5000 neue Mitglieder. Heute sind es über 28 000 Menschen, die sich als Freunde und Förderer verpflichtet haben, den Zoologisch-Botanischen Garten mit ihrem Jahresbeitrag zu unterstützen – Tendenz steigend. »Der hohe Zuwachs an Mitgliedern zeigt, wie sehr die Wilhelma in den Herzen der Menschen verankert ist«, sagt die Vereins-Geschäftsführerin Nicole Englert. Als kleinen Ausgleich für ihr Engagement können die Mitglieder, die nicht nur aus der Region Stuttgart kommen, ein breites Angebot des Vereins nutzen, der etwa immer wieder Sonderführungen und Vorträge organisiert, so Nicole Englert. Nach dem VfB Stuttgart sind die Freunde und Förderer schon jetzt der zweitgrößte Verein in der Region Stuttgart, erklärtes Ziel ist, noch weiter zu wachsen – zum Nutzen der Wilhelma. Tatkräftige Unterstützung wird der Zoologisch-Botanische Garten mit seinen über zwei Millionen Besuchern im Jahr auch in Zukunft benötigen. Derzeit laufen etwa die Überlegungen für eine neue Elefantenanlage. Der Förderverein hat die Übernahme der Wettbewerbskosten bereits in Aussicht gestellt, um auch dieses Projekt voranzubringen.

»MAKING OF« UND »OUTTAKES«

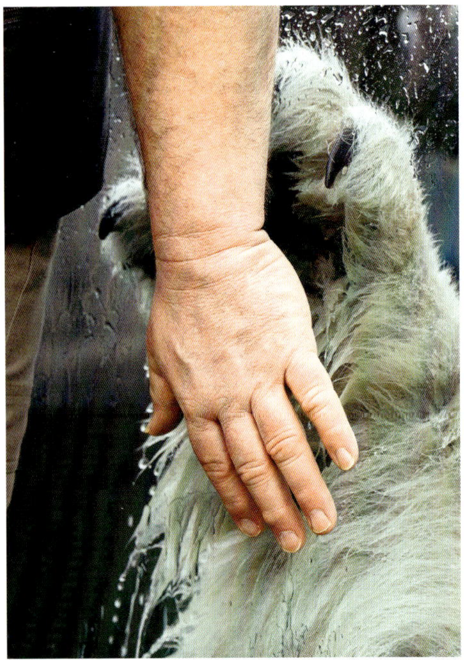

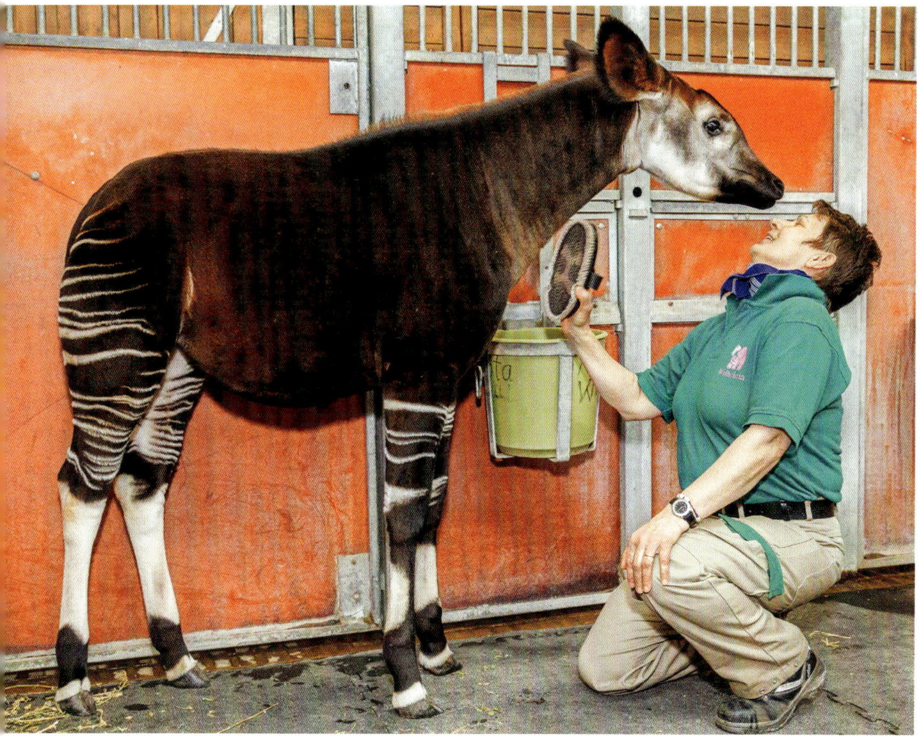

FLEISSIGE BIENEN

BILDBESCHREIBUNGEN

Seite 2: Schwarze Jaguarkatze Petra

Seite 20: Rosapelikan
Seite 21, oben: Rosapelikan
Seite 22, unten: Junger Kormoran
Seite 23/24: Brütender Kormoran
Seite 24, oben: Badender Gänsegeier
Seite 24, unten links: Gänsegeier
Seite 24, unten rechts: Bartgeier
Seite 25, oben rechts: Mandarinente
Seite 25, unten links: Basstölpel
Seite 25, unten rechts: Rosaflamingo

Seite 42 bis 45: Dscheladas

Seite 62: Netzgiraffe
Seite 63: Klippspringer
Seite 64, oben: Schneeziege
Seite 64, unten: Junges Mähnenschaf
Seite 65: Steinbock
Seite 66: Asiatische Elefantenkühe Vilja, Zella, Pama und Molly (v.l.n.r.)

Seite 84: Eingerollter Farn im Maurischen Landhaus
Seite 85, oben: Kakteen in der Kakteenkuppel
Seite 85, unten: Fruchtstand einer Lotosblume
Seite 86/87: Magnolienblüte im Maurischen Garten

Seite 104/105: Sumatra-Tiger Carlos
Seite 106, oben: Persische Leopardin Schirin
Seite 106, unten: Sumatra-Tiger Dua
Seite 107, oben: Schwarze Jaguarkatze Petra
Seite 107, unten: Sumatra-Tiger Tuan
Seite 108: Sumatra-Tiger Satu
Seite 109: Sumatra-Tigerin Dumai mit Nachwuchs
Seite 110, oben: Junge Schneeleopardin Laura
Seite 110, unten: Berberlöwin Schiela
Seite 111: Persische Leopardin Mesched
Seite 112/113: Gepardin Nora

Seite 130, oben: Ponyreiten beim Schaubauernhof
Seite 130, unten: Schafe auf dem Schaubauernhof
Seite 131, oben: Schwäbisch-Hällisches Landschwein
Seite 131, unten: Streichelzoo am Schaubauernhof
Seite 132: Kalifornische Seelöwen
Seite 133: Eisbären, oben Anton, unten Corinna
Seite 134: Eisbär Anton
Seite 135: Waldhundrüde Péro

Seite 150: Grüner Baumpython
Seite 151, oben: Kuba-Laubfrosch
Seite 151, unten: Riesen-Gürtelschweif
Seite 152, oben: Breitschnauzenkaiman
Seite 152, unten: Leistenkrokodil
Seite 153: Spitzkopfnatter
Seite 154, oben: Greifschwanz-Lanzenotter
Seite 154, unten: Wüsten-Hornviper
Seite 155, oben: Mangroven-Nachtbaumnatter
Seite 155, unten: Brillenschlange/Indische Kobra

Seite 172, oben: Paradieskranich
Seite 172, unten: Brillenpinguine
Seite 173, oben: Graureiher mit Jungtieren
Seite 173, unten: Jägerliest (Lachender Hans)
Seite 174/175: Graureiher
Seite 176, oben: Störche auf der Damaszenerhalle
Seite 176, unten: Nandu
Seite 177: Weißstorch

Seite 194: Erdmännchen
Seite 195, oben: Junger Mähnenwolf
Seite 195, Mitte: Junge Waldhunde
Seite 195, unten: Fennek
Seite 196, oben: Kap-Klippschliefer
Seite 196, unten: Europäisches Eichhörnchen
Seite 197: Europäisches Eichhörnchen
Seite 198, oben: Kap-Klippschliefer
Seite 198, unten: Junges Erdmännchen
Seite 199, oben: Europäischer Biber
Seite 199, unten: Erdmännchen-Familie

Seite 208, oben: Dscheladas
Seite 208, unten: Rotgesichtsmakake
Seite 209: Schwarzer Haubenlangur
Seite 210: Goldstirnklammeraffe
Seite 211, oben: Rotgesichtsmakaken
Seite 211, unten links: Rotgesichtsmakake
Seite 211, unten rechts: Junger Schwarzer Brüllaffe